学术顾问：李学勤　罗哲文　俞伟超　曾宪通　彭卿云

文化大发展时期

李　默／主编

中华文明是人类历史上最伟大的文明之一，是人类文明发展的主要构成。中华文明丰富、深刻、辉煌、博大，在人类文明中的骨干作用和领导作用为人所共知。在人类文明的发源时期，中华文明就是四大古文明之一，是地球上文化的策源地之一。

广东旅游出版社
GUANGDONG TRAVEL & TOURISM PRESS
悦读书·悦旅行·悦享人生

中国·广州

图书在版编目（CIP）数据

文化大发展时期 / 李默主编 . — 广州 : 广东旅游
出版社 , 2013.1（2024.8 重印）
　ISBN 978-7-80766-438-3

　Ⅰ . ①文… Ⅱ . ①李… Ⅲ . ①文化史—中国—南宋
Ⅳ . ① K245.03

中国版本图书馆 CIP 数据核字 (2012) 第 271799 号

出 版 人：刘志松
总 策 划：李　默
责任编辑：张晶晶　黎　娜
装帧设计：盛世书香工作室　腾飞文化
责任校对：李瑞苑
责任技编：冼志良

文化大发展时期
WEN HUA DA FA ZHAN SHI QI

广东旅游出版社出版发行
（广东省广州市荔湾区沙面北街 71 号首、二层）
邮编：510130
电话：020-87347732（总编室）020-87348887（销售热线）
投稿邮箱：2026542779@qq.com
印刷：三河市嵩川印刷有限公司
　　　（河北省廊坊市三河市杨庄镇肖庄子村）
开本：650×920mm　16 开
字数：105 千字
印张：10
版次：2013 年 1 月第 1 版
印次：2024 年 8 月第 3 次印刷
定价：45.80 元

出版者识

《话说中华文明》是一部全景式图文并茂记录中国文明历史的大书。出版者穷数年之力，会集各方力量——专家、学者、编辑、学术顾问们，在浩如烟海的历史档案、资料、著作中，探珍问宝，追寻中华文明在悠悠历史长河中的灿烂之光。此书的出版，凝聚了编撰者的心血，学术顾问们的智慧。尤其是李学勤先生，亲自动笔写下了序言，更增加了本书沉甸甸的分量。

中华文明的历史充满了辉煌与苦难，成就和挫折。它的历史无处不在，决定着我们中国人今天的思想和感情。当今的中国和中国人是中华文明的历史造就的，是中华文明的历史的延伸，也是它的一个组成部分，中华文明的历史之河奔流到现在。

中华文明是人类历史上最伟大的文明之一，是人类文明发展的主要构成。中华文明丰富、深刻、辉煌、博大，在人类文明中的骨干作用和领导作用人所共知。在人类文明的发源时期，中国就是四大古国之一，是地球上文化的策源地之一。在人类文明的早期，中华文明成为文明在东方的支柱，公元前后 200 年间，人类的汉帝国与罗马帝国这两只铁手攫住了地球。在欧洲进入中世纪的时候，中华文明更成为人类文明最主要的领导，它的文明统治东亚，传遍世界。进入近代，中华文明处于自身的重压和西方的欺凌下，但中国人民的斗争史和奋起精神是人类文明历史中不可缺少的一页。

五千年的中华文明为人类贡献出了从思想家孔子到科学技术的四大发明、从唐诗宋词到长城运河的伟大创造，贡献出了从诸子百家到宋明理学，从商周铜器到明清文学的深刻内涵，也贡献出了从五霸七强到三国纷争、从文景之治到十大武功的辉煌历史。中华文明的历史绚烂多彩，在人类文明的历史长河中永放光芒。

中华文明也是人类历史上最独特的文明，没有哪一个文明像中华文明这样持久，这样统一一致。世界上其他文明不但互相交错，其创造者也都与高加索体质的人种有关，它们是姐妹文明。在人类历史中，只有中华文明才是独特的，它的创造者是中国土地上的中国人民，与其他任何地方的人民都没有关系，它的文化是统一一致的文化，可以不依赖于其他任何文明而生存，但中华文明也绝不是封闭的，它接受他人的文化，也承担自己对于人类的责任。

人类进入新世纪，中国的社会经济发展令世人瞩目。人们对于世界未来的政治和经济结构的估计无不以东亚和太平洋为中心，而尤以中国为重点。

经济起飞只是当代中国的一个方面，中国的精神文明的建设尤为刻不容缓。如果中国要自觉地发展中华文明，要有意识地使中国的发展具有世界意义，就必须发展强有力的精神文化，这样才能使中华文明的发展进入一个新的阶段，才能形成中国和中华文明的全面现代化。

而中国的精神文化的发展植根于中华文明的伟大传统之中。进入近代之后，在西方文化的冲击下，对于中国文化的价值产生大量的情绪化和激烈冲突的论调。"五四"运动打倒孔家店的口号具有冲破封建束缚的时代意义，对中国文化的发展有不容否认的正面意义，与文化虚无主义是完全不同的。文化虚无主义者否定中国传统文化，在现代化的旗帜下主张全盘西化；而复古主义则沉迷于中国文化的古董，走进反进步、反科学的泥潭。

历史的发展则超越了所有这些论点，产生这些论调的一百多年来的中国近代史已经结束。历史要求中国发展，要求中国走在全世界发展的前列。西化论和复古论都已过时，历史已经要求世界超越西方，中国可以承担起世界的命运，而中国的现实和世界的历史都说明，中国的使命在于它的发展前进，而非倒退。

中华文明走出迷惘的时代，我们这一代处在一个伟大而具有挑战的历史阶段。

总结历史、展望未来，这就是《话说中华文明》的意义和使命。我们创作《话说中华文明》，力求总结和回顾中华文明的全貌，在内容和形式上都开创一个新的局面。在内容结构上，既具有一定的深度，又具有相当的广博性，既有严谨、准确的学术价值，又有活泼、流畅的可读性。我们在本丛书内容纳了中华文明的各个方面，使它综合了大规模学术著作的系统性、严密性和普及读物的全面性、简易性，它既可作为大型工具书检索中华文明的各个成分，又可作为通俗的读物进行浏览。

我们从上世纪90年代初起就开始思考中华文明的历史和现实问题，并逐渐形成了编著《话说中华文明》的设想。在开展这项庞大的文化工程之始，我们就聘请了国内权威学者李学勤、罗哲文、俞伟超、曾宪通、彭卿云诸先生担任学术顾问，他们对计划作了充分讨论，并审阅了大量初稿。我们聘请了广州、香港地区的社会科学学者、大学教师、研究生以及我社编辑人员几十人担任稿件的撰写工作。

通过创作这部书，我们深深地感受到了中华文明的博大精深，也感受到了它的内在缺陷。中华文明具有辉煌的时期，也有苦难的年代，有它灿烂的成就，也有其不足的方面。中华文明在自身中能够吸取充分的经验和教训，就能够使自身健康壮大，成长发展。

通过创作这部书，我们也深深感受到了出版事业的使命和重任。我们希望这部书能受到广大读者的喜爱，起到它所应当起的作用。为中华文明的反省、前进和奋起作一点贡献。

目录

文化大发展时期

宋辽金夏

文化大发展时期

宋杂剧发展成熟

宋代的杂剧，是一种独立的戏剧表演艺术。在散乐中占有首要的地位。

北宋的杂剧演出在宫廷、军队中、民间勾栏里都很活跃。宫廷演出由教坊承应，每当春、秋、圣节三大宴，或是皇帝"赐酺"，教坊演出需与饮酒活动相合。北宋，教坊演出杂剧，即在队舞演出节次中表演，"一场两段"。这种情况，到南宋时发生了变化。宫廷内宴多雇用、征调民间伎艺人和杂剧艺人演出，同时，也由于取消小儿队、女童队，杂剧也就成为独立上演的节目。南宋时，杂剧也有了一场三段的演出方式。

军中杂剧演出，也是两段，一段由军队演出，一段由民间杂剧女艺人演出。军人演杂剧，也得约请民间艺人。

石雕戏剧人物——副净

民间勾栏里的杂剧演出活动也很多，勾栏伎艺人将勾栏杂剧与世俗民情相结合作营业性演出。据《东京梦华录》"中元节"记载，他们在中元节时期上演《目连救国》杂剧，与民俗活动结合在一起，在戏曲形成与发展史上有重要的地位。

宋杂剧演出，总是以两段或者三段的方式进行的。第一段，称艳段，表演寻常熟事；第二段，称正杂剧，表演故事内容比较复杂的事；第三段，称散段，也称"杂扮"。

宋杂剧的脚色行当，有末泥、副净、副末、旦、贴等。

杂剧及乐队砖雕（金代）

杂剧人物（金代）

《武林旧事》"官本杂剧段数"，收录了宋代杂剧的280个剧本的名目，它们在一定程度上反映了杂剧的重要变化。

宋杂剧，初始以滑稽调笑的剧目为主，从段数名目看，可以分三种情况。

滑稽调笑、谈谐风趣的剧目，并非没有人和事，而是以"务在滑稽"组织故事和表演。"官本杂剧段数"中《讳药孤》、《眼药酸》、《急慢酸》、《双打球》、《三社争赛》、《四教化》等，就是这类剧目。

全以人名和以故事命名的，有《相如文君》、《崔智韬艾虎儿》、《李勉负心》等，这些全是有人物、有情节的杂剧剧目，是杂剧内容与形式发生变化后出现的故事剧。

以人名或故事名加曲名命名的，如《雀护六么》、《霸王剑器》、《柳毅大圣乐》等，它们是采用大曲表现故事的剧目。

杂剧作为一种独立的舞台表演艺术在宋代已经发展成熟，它吸收、融合说唱、歌舞的艺术成就，为南戏的产生奠定了基础。

宋说唱艺术繁荣

宋朝经济的恢复与发展，带来城市与乡镇的繁荣，随之而来的是文化娱乐的繁盛。依据《东京梦华录》和记述南宋临安城市生活的《都城纪胜》、《西湖老人繁盛录》、《梦粱录》、《武林旧事》所谈到的两宋时期的说唱艺术，有20余种之多，有讲史、小说、说经、说诨经、唱赚、小唱、嘌唱、弹唱因缘、唱京词、诸宫调、唱要令、唱拨不断、说话、说诨话、商谜、学乡谈、吟叫、合生、乔合生、说药、鼓子词、涯词、陶真、像生、乔像生等。在这5种书中，还记载了许多说唱艺人的姓名、某些说唱艺术的特点。

说唱艺术，是通过说说唱唱讲故事的一种语言艺术，它的品种繁杂，体裁多样，就其体裁归类，可分为"说的、唱的、又说又唱的、似说似唱的，共四种"。下面是说唱艺术的几种有代表性的种类。

一、说话，最为盛行的说唱艺术，以说为特点，类似讲故事。说话，又分四家：小说、说公案、说经、讲史等。

小说，又称银字儿，因为使用的乐器为银字笙的缘故，小说的题材为烟粉、

南宋《人物故事图》，描绘了绍兴十二年曹勋奉宋高宗令到金朝接宋徽宗赵佶和郑皇后的棺椁等南归，安乐郡王韦渊近接途中的情景。

灵怪、传奇故事，存目有 140 多种。宋人话本流传下来的，有《京本通俗小说》残卷，收有《碾玉观音》、《菩萨蛮》、《西山一窟鬼》、《志诚张主管》、《拗相公》、《错斩崔宁》、《冯玉梅团圆》等。

说公案，说公案"皆是扑刀杆棒及发迹变泰之事"。

说经，即说佛经故事。南宋说经话本有《大唐三藏取经诗话》。

讲史，也叫演史或讲史书，"讲说前代书史文传兴废争战之事"（《都城纪胜》），至今流传的《新编五代史评话》、《大宋宣和遗事》就是讲史的话本。

二、鼓子词，又称道情，系宋代文人所作，是士大夫宴席娱乐时用的，不是民间艺人传唱的作品。鼓子词采有一支词调反复歌唱的方式表演，用鼓作为伴奏乐器，有的咏景抒情，有的论述故事，有只唱不说和有说有唱两种体裁。赵令畤《商调蝶恋花》，是说白与歌唱相间叙事的形式，取材于元稹《莺莺传》。

三、唱赚，产生于南宋初期的一种歌唱形式，《都城纪胜》、《梦粱录》等书中均有关于唱赚的记载。绍兴年间，"张五牛大夫因听动'鼓板'中又有四片（太平令）或赚鼓板，逐撰为'赚'"（《都城纪胜》）。鼓板也是一种歌唱形式，张五牛正是听了演唱'鼓板'中的四片（太平令）受到启发，才创造了"赚"。"赚"本身是一种特别的歌曲，它的特别之处就是"正堪美听中，不觉已至尾声"（《都城纪胜》），所以当时人认为它"不宜为片序也"，也即不适宜单独使用。从现在仅存的唱赚实例《圆社市语》、〔中吕宫]《圆里圆》一套，以及董解元《西厢记诸宫调》中吸收"赚"的套曲中，可以看出它都是做为一支歌曲组合在套曲里的，所谓"不宜为片序也"，或许就是这个意思，张五牛创造"赚"，实际上继承和采用了缠令、缠达套曲形式，在套曲中增加了"赚"、唱赚也就是唱组合有"赚"这种歌曲的套曲。

四、诸宫调，产生于北宋的一种说唱艺术。北宋熙宁至元祐（1068~1094）年间，泽州（今山西昔城）人孔三传首创。崇宁、大观（1102~1110）以来，孔三传、耍秀才在京都汴梁瓦肆勾栏中，以说唱诸宫调驰名，孔三传编撰传奇、灵怪故事入曲说唱，引起文人士大夫们的注意。南北分治后，说唱诸宫调这种艺术一方面流入南宋临安等地，出了不少有名的艺人，一方面盛行于金统治的北方。南方的诸宫调没有完整的本子保存下来，仅在《张协状元》戏文里，有一段用作"开场"的诸宫调，保存至今的作品，只有金代的《刘知远诸宫调》、《西厢记诸宫调》。

犹太人入华

宋代，一些犹太人来到中国安居乐业，与中国人相安共处。

犹太人是信仰犹太教的民族，奉雅赫维（耶和华）为独一无二的真神，期望救世主弥赛亚降世拯救犹太人，认为自己是亚伯拉罕的后裔，是上帝的唯一选民，以《旧约圣经》为宗教经典，以摩西十诫为道德行为规范，婴儿实行割礼，遵守安息日，不与外族外邦通婚，宰杀牛羊时要挑去脚筋不食，以犹太会堂为聚会场所。公元70年，罗马摧毁耶路撒冷圣城，从此犹太人成为"没有祖国"的民族，流散世界各地，少数来到了中国。

宋代，开封的犹太人最多。12世纪是开封最繁荣的时期，成为东方最先进的商业和文化中心。犹太人入华后多聚居此地。开封犹太会堂建于南宋孝宗隆兴元年（1163），也就是金朝世宗大定三年，开封已属金朝管辖，会堂三块碑文记载了犹太人入华、建会堂的经过，并称犹太教出自天竺，可见开封犹太人可能来自印度。当时有李、艾、高、穆、赵、金等七十余姓犹太人向宋朝廷进贡西洋布，以求留住中国开封，得到宋帝应允，从此长住于此。中国历史上不称犹太教，一般称"一赐乐业"（以色列异译）教，或因为他们挑除牛羊腿筋而称为"挑筋教"，也有古教或回回教等名称，对犹太会堂也称清真寺。世俗人往往辨不清犹太教与伊斯兰教的区别，常常混淆，而犹太人为了表示不同，宁肯叫"挑筋教"。宋代开封有犹太人约500余家共2500多人，他们保持犹太教的基本信仰和教义教诫，又汲取中国文化的养分，在习惯上、语言上都有所改变，例如称"上帝"为"天"，称《圣经》为《道经》等。他们也在会堂祭祖，但不是自己的亲祖，而是犹太民族的祖先亚当、亚伯拉罕、雅各、摩西等。他们也敬奉中国的孔子和儒学，春秋两季到孔庙祭孔。犹太人入华和中国人和平共处，他们的信仰受到统治者和人民的尊重。

湖湘学派建立

　　湖湘学派是南宋理学中的重要学派，其学术思想很有特色，主要代表人物张栻是著名理学思想家，与朱熹、吕祖谦讲学为友，时称"东南三贤"。

　　张栻，字敬夫，号南轩，汉州锦竹（今四川广汉）人。师从二程的再传子弟胡宏，上承二程遗绪。他为官十余载，都在地方州府任职，他关心民生疾苦，注重兴办教育。孝宗乾道元年（1165），他主持岳麓书院教事，从学者众多，从而奠定了湖湘学派的规模。湖南是北宋以来理学湖湘学派的发源地，由胡宏开端，经张栻而更为繁荣。朱熹曾访问张栻，相互切磋学问，探讨"太极"、"中"、"和"等理学重要问题，对朱熹理学思想体系很有影响。张栻著作很多，有44卷诗文集《南轩文集》，清代与他的《论语解》10卷和《孟子说》7卷合编为《南轩全集》。

　　湖湘学派以"理"为本。张栻提出"同体异取"的理本论，他认为"天"是"理"的本来状态，理即天，天即理，是同一的客观精神实体；当"理"被人禀受时就变为"性"，"性"是"理"在人身上的体现，而"心"又主宰"性"，它们虽然表现形式各异，实际上是一体，都是源于客观精神实体"理"，这样就肯定了"理"作为宇宙本体的性质。他指出，"理"是无处不有、无时不在的超时空的绝对精神，"理"在事物之先并主宰事物；"理"是规律，能决定事物之"所以然"；同时，"理"还是伦理道德原则，具体地说就是人伦关系中尊重上下的等级秩序。这样，张栻把封建伦理上升到"天

之理"的高度，把伦理本体化，显然是为了论证封建伦常的天然合理性。

但是，张栻在阐述"理"是宇宙万物的本体的同时，又提到"心"为万物"主宰者"，不同于程朱所认为的"心主性情"之说。这样，在本体论问题上，张栻的观点又呈现出向"心学"靠拢而背离程朱的倾向。

在义利这个理学家们极重视的问题上，张栻认为义利是截然对立的，二者不可调和，这种对立实质上是天理、人欲的对立，要分辨义与利、天理与人欲，要以是否经人为干预为标准，未经人为干预的本然之性，即"性"的未发状态就是"天理"，是"义"，反之，一旦本性受到干预而发出的意向，就是"人欲"，是"利"。这样，他就将"利"的内涵由"名位货殖"的追求扩大到所有违反"天理"的心理活动，这就要求人们进行内省，认识"天理"，并自觉摈弃一切非分的欲念，使思想和行为都符合封建伦常。这种观点也有针对封建统治者的一面，要求统治者对百姓的压榨要有节制，否则也是违反"天理"的，会危及统治。

在人性论上，张栻继承孟子性善说，并作了进一步发挥，他认为仁义礼智"四德"比"四端"（恻隐、羞恶、辞让、是非之心）更为根本，显示了他心目中纲常的重要性。他还以"天命之性"论性善，把"四德"之"性"提到"天命"的高度，神化了封建伦常。

关于修养方法问题，张栻主张"居敬主一"的追求道德自我完善的内心修养，要求思想言行纯正专一，丝毫不逾越封建道德规范。

宋马球衰落

从北宋起，一直到南宋孝宗时期，球戏一直受到人们的注意。北宋时马球运动进一步仪礼化、制变化。在《宋史·艺文志》中有张直方《打球仪》一卷和李诩《打球仪注》一卷关于当时打球礼仪的细则及说明。《宋史·礼志》有关于这项活动的详细介绍。从其中我们知道北宋的军中百戏活动中有两种马球竞赛活动，一种是单球门的马球活动，一种是对立的双球门的马球竞赛活动。

宋室南渡后，击球活动在军中和民间仍有开展，每年春天教阅军伍时，即有"打球走马"的活动。南宋时期，由于市民体育活动的兴起，马球成了

《便桥会盟图》中的马球

市民活动的重要内容之一，民间成立了"打球社"。据《宋史·周必大传》记载，宋孝宗赵眘想收复失地，非常重视以马球习武的活动，当时有人劝他不要击球，他说："正以仇耻未雪，不欲自逸尔。"

尽管如此，宋代的马球活动比起唐代来，还是大大衰落了，衰落原因有如下几点：

一是宋军骑兵落后。中唐以后，由于丧失西北产马地，唐军遂逐渐转变为以步兵为主，这种状况延续到宋代。宋朝的马源主要来自贸易和监牧等饲养，所以缺乏马匹，因此禁军以步兵为主，骑兵落后使得与骑兵相联系的马球活动的开展受到限制。

二是儒臣的反对。宋朝文弱之风日盛，南宋甚于北宋，儒臣上疏力谏击球之戏屡见不鲜。宋孝宗时，儒臣阻止孝宗以及太子击球，对于马球衰落有相当影响，君主不再举行观击马球的典礼。

三是打马球受到人们的鄙视。统治阶级和军队以及多数儒生逐渐都不打马球，《中山诗话》曰："独球多贱人能之。"这"贱人"就是统治者对市井之徒污蔑性的称呼。从崇尚降为"恶习"，从被肯定的体育降为被否定的玩耍，马球衰落已成必然。

苏汉臣画《秋庭戏婴图》

南宋初年，风俗画中的盘车题材逐渐消失，苏汉臣于画坛独辟蹊径，以善于画情趣动人的婴戏而著称于世。

苏汉臣，河南开封人，宋徽宗时曾为翰林图画院待诏，师从刘宗古，善长画道释人物、仕女，尤其是儿童画。宋室南渡后，他到了绍兴翰林图画院复职。宋孝宗隆兴初（1163~1164）因画佛像"称旨"，特授承信郎。

苏汉臣的作品以表现幼儿形象及游戏时天真活泼的情态著称，平生作婴戏图甚多。今世传有《杂技戏婴图》、《婴戏图》及《秋庭戏婴图》等名作。尤其《秋庭戏婴图》是苏汉臣的代表作。

《秋庭戏婴图》画秋天的一户富家庭院里，两个衣着整洁，面庞圆润的幼童正围在螺钿木墩旁边，兴致勃勃地玩着转枣磨的游戏，生动地刻画了幼童全神贯注的神情和天真聪慧的形象，反映了作者对儿童生活的熟悉和挚爱的情感。

此图运用北宋画院缜密富丽的写实画风，用笔简洁劲利，色彩明丽典雅，极赋生活情趣。

苏汉臣婴戏画，最为世所看重，后人说其"制作极工，其写婴儿，著色鲜润，体度如生，熟玩之不啻相与含笑者"。

郑樵总结文字学

宋代"大小二徐"《说文》本的流行，大大促进了文字学的发展，利用六书理论全面研究汉字构形系统的"说文学"逐步兴起。南宋郑樵是六书研究的代表人物。

郑樵（1103~1162），字渔仲，福建莆田人，是宋代史学家、语言文字学家，他勤于著述，聚书数千卷。所著《通志》200卷，在史学中独具一格。《通志》中的《六书略》是解说汉字构造理论的，首创六书分类学。六书即许慎《说文解字叙》所说的指事、象形、会意、谐声、转注、假借6种造字的方法和原则。《六书略》不仅把六书都分别举例，按六书将全书编次，而且又细加区分，如所谓"形兼声"、"形兼意"之类，增多至12类。这样改变了《说文》按部首排列的体系，专用六书分别排列汉字，在《说文》之外，另辟了一条研究汉字的门径。自此以后，六书学蔚然成风。元代戴侗有《六书故》，周伯琦有《六书正讹》，杨桓有《六书统》、《六书溯源》，明代魏校有《六书精蕴》，赵㧑谦有《六书本义》，赵宧光有《六书长笺》等。

《六书略》还以独体为文、合体为字的原则析字、归字，立330母为形之主，870子为声之主，合为1200文，作为汉字构形的基本单位，企图以母子相配，合成一切汉字。这种归纳汉字系统的作法，体现了郑樵试图以少量独体字作最小构形单位，按照一定规则将它们组合构成整个汉字系统的理论构想。他的以有限手段归纳一个无限运用的汉字系统的设想和实践，对现代电脑汉字系统的建立有很大启发。

另外，他对文字的演进趋势有较独到见解，在该书的《六书序》里说："象形指事一边，象形别出为指事。谐声转注一也，谐声别出为转注。二母为会意，一子一母为谐声。六书也者，象形为本。形不可象，则属诸事，事不可指，则属诸意；意不可会，则属诸声；声则无不谐矣。五不足，而后假借生焉。"郑樵对文字学的总结，于此也可见一二。

郑樵建立校雠学理论

郑樵《通志》的《艺文略》和《校雠略》，完成了他的校雠学理论。郑樵在著《通志》的同时，还进行考查亡书的工作，这使他对天下图书的存亡、九流百家的源流有了更为全面的认识。为校雠学理论的创立打下了坚实的基础。

校雠学是我国古代治书的一种专门学问，研究对象包括目录学和图书馆学。郑樵收录古今目录中的书籍编成《艺文略》，得出十二类的分类法，即

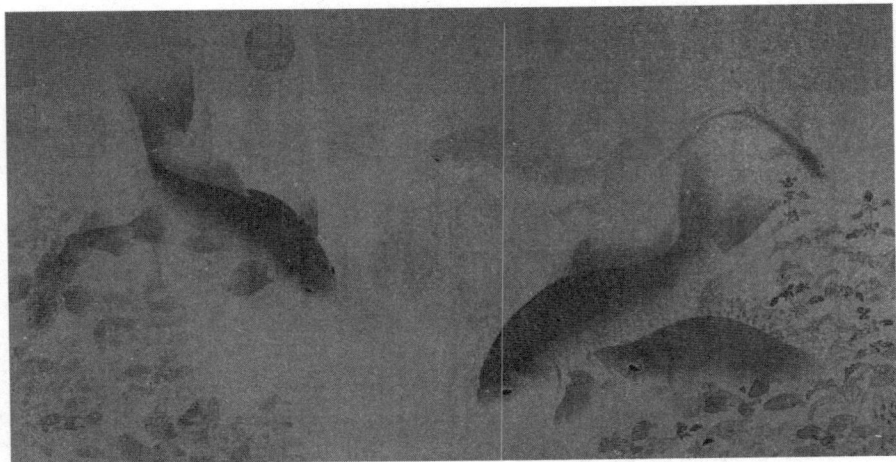

南宋《落花游鱼图》，是现存画中画鱼的杰作。

所收图书分为经、礼、乐、小学、史、诸子、天文、五行、艺术、医方、类书、文等十二类，类之下分157家，家之下又分282种。这种分类方法既不受四分法（经、史、子、集）的羁束，又冲破了五分、六分、七分、九分等法的藩篱，在中国目录史上独树一帜。郑樵在《校雠略》中总结了他编志书的经验，认为以前国家收集图书不得其法，进而提出即类以求、旁类以求、因地以求、因家以求、求之公、求之私、因人以求、因代以求的"求书八法"，目的是要使政府藏书尽可能完备，天下无亡书。他认为不论是著书、校书还是修书，要想收到显著成效，提高质量，就必须选贤任能，并使校雠之官能"文其任"作为终身职业。他的目录学观点总其大要，约有五点：一是目录学的任务在于分清学术源流，使百家九流各有条理，"上有源流，下有沿袭"。二是应通录古今书籍，"纪百代之有无，广古今而无异"。三是目录应通录和求全，但通录中应注重近代之书，古代图书可稍略。四是编制目录，不妨用众手成之。五是发扬学术上的批评精神。他还反对前人著录以断代为准的方法，提出艺文志不但要记现存文献，而且要记亡传文献。

郑樵在校雠学上作出了"石渠、天禄以还，学者所未尝窥见"的贡献，起到了承先启后的作用。他不仅进一步阐发了刘向刘歆父子的校雠之义，而且为章学诚的《校雠通义》开辟了道路，在我国古典文献学、目录学理论中占有重要地位。

辛弃疾南归

辛弃疾（1140~1207），字幼安，号稼轩，历城（今山东济南）人，是南宋最杰出的爱国词家。他出生在金国建立初期所占领的地区，目睹金贵族统治者对北方人民的蹂躏，自幼便在心中埋下了对侵略者的仇恨。因父早亡，辛弃疾随祖父读书。每逢闲暇，祖父便带他"登高望远，指画山河"，意在使他不忘家园，心存恢复。在祖父的影响下，辛弃疾的民族意识和爱国热情都十分强烈。

南宋高宗绍兴三十一年（1161），金主完颜亮大举南下，各地人民纷纷举起武装抗金的义旗，22岁的辛弃疾也在济南南部山区聚众2000人起义抗金，不久投归济南村民耿京为首的义军，在军中"掌书记"。完颜亮南侵失败后，辛弃疾力劝耿京"决策南向"，在军事上与南宋王朝配合行动。就在辛弃疾代表义军往南宋接洽联合抗金之事时，义军中的叛徒张安国谋害了耿京，投向金人。辛弃疾于北归途中获悉此事，即领随行的50余人突袭了有5万人之众的金营，生擒张安国，当场又号召了被裹胁的耿京旧部万余人反正。随后，大队人马突破金兵包围，长驱渡淮，投归南宋，将张安国押至建康斩首。这件事震惊朝野，辛弃疾因此而声名大振，成为带有传奇色彩的英雄人物。

南归之初，辛弃疾是踌躇满志、豪气干云的，准备抗金报国，干一番事业。但南宋统治者出于对金国妥协求和的立场及对智勇双全的英雄人物的戒心，并未对辛弃疾委以重任，只让他作了江阴签判这样一个无足轻重的小官。

辛弃疾南归是为了抗金报国，并不以个人功名利禄为重，他依然满腔热情地关注着国家大事。辛弃疾南归前后，经历了从辉煌到黯淡的落差，在他的人生道路上是一个重要的转折。

山东济南辛弃疾纪念祠

辛弃疾作《美芹十论》

辛弃疾南归之后，虽然官职低微，但仍对恢复中原的事业充满热情和希望。在他南归的第二年，南宋军北伐失利，朝廷又倾向于对金议和。26岁的辛弃疾不顾官微言轻，慨然上书进言献策。乾道元年（1165），辛弃疾写了《美芹十论》（即《御戎十论》）献给宋孝宗。论文分析了当时整个抗金形势，前三篇为《审势》、《查情》、《观衅》，指出了女真统治集团内部存在着尖锐的矛盾及北方人民对女真统治者的怨恨；后七篇为《自治》、《守淮》、《屯田》、《致勇》、《防微》、《文任》、《详战》，提出了一整套自治强国的战略方针和具体规划。数年后，他又写了《九议》上宰相虞允文，进一步阐发《美芹十论》的思想，系统地批驳了投降主义的观点。这些主张虽然未被统治者采纳，但充分显示了辛弃疾对祖国统一大业的关心和经纶济世的非凡才能。

辛弃疾南归后的第二个10年是在几处地方官任上度过的。在地方官任上，辛弃疾仍不忘抗金大计。他"教民兵，议屯田"，训练地方武装"飞虎军"，"军成，雄镇一方，为江上诸军之冠"（《宋史·辛弃疾传》）。尽管辛弃疾政绩卓著，但他远大的政治抱负，他不向投降派妥协的政治立场，以及他南下"归正"的身份和在朝廷中不受信任的孤危政治地位，仍使他处于一种恶劣的政治环境中，受到百般打击和排斥。在用武无地、报国无路、恢复无望的情况下，辛弃疾将一腔忠愤及抑郁之情寄之于词，写下了许多充满爱国激情和政论色彩的词作。

辛弃疾的这类词向来被人称作"英雄之词"，坚持抗金、渴望统一是这些词最重要的内容。他词中时时流露出对被分裂的北方的怀念——"郁孤台下清江水，中间多少行人泪"，"西北望长安，可怜无数山"。他不但经常在词中写下"西北有神州"、"西北是长安"等句子，还强烈希望南北统一。在［水龙吟］（渡江天马南来）中，他长叹："……长安父老，新亭风景，

南宋《溪山清远图》，夏圭画。

可怜依旧。夷甫诸人，神州陆沉，几曾回首！"在与朋友唱和时，他高歌："我最怜君中霄舞，道'男儿到死心如铁'。看试手，补天裂。"他时刻把抗金的"弓刀事业"挂在心头——"醉里挑灯看剑，梦回吹角连营。八百里分麾下炙，五十弦翻塞外声，沙场秋点兵"。对历史上建功立业"整顿乾坤"的英雄人物，他充满赞叹——"年少万兜鍪，坐断东南战未休。天下英雄谁敌手？曹刘，生子当如孙仲谋"。这些词传达了强烈的爱国主义思想和高昂的战斗精神，最能体现辛弃疾的英雄本色。

辛弃疾这类词的另一突出内容是批判了朝廷的黑暗政治，表现了对南宋统治集团的极大愤慨。他讥讽南宋小朝廷是"剩水残山无态度"，是"斜阳正在烟柳断肠处"。在［太常引］（一轮秋影转清波）中，他以"斫去桂婆婆，人道是清光更多"隐喻除掉主降派，光复山河的希望；在［水调歌头］（长恨复长恨）中，他讽刺言行悖逆、轻重倒置的南宋朝廷——"一杯酒，问何似，身后名？人间万事，毫发常重泰山轻"。他对主降派干扰破坏抗金事业充满忧虑，加以谴责："举头西北浮云，倚天万里须长剑。人言此地，夜深长见，斗牛光焰。我觉山高，潭空水冷，月明星淡。待燃犀下看，凭栏却怕，风雷怒，鱼龙惨……"从这些词中，可以看到辛弃疾清醒的政治眼光和忧国忧民的情怀。这些词作具有政论的某些特色，与他的《美芹十论》、《九议》在精神上一脉相承。

辛弃疾本是以功业自许，以气节自负的"一世之豪"，但南归后他的抱负和才华一直得不到实现和发挥，这就不能不在词中表现他的愤慨和不平。在［摸鱼儿］（更能消几番风雨）中，他以《离骚》中香草美人的比兴句法，表现了志不得伸的抑郁和失意不遇的悲怨，流露出对南宋王朝"爱深恨亦深"的矛盾心情。在［鹧鸪天］（壮岁旌旗拥万夫）中，他以自嘲的口吻，感慨自己闲置不用的处境："追往事，叹今吾，春风不染白髭须。却将万字平戎策，换得东家种树书。"而"短灯檠，长剑铗，欲生苔。雕弓挂壁无用，照影落清杯"的描写，"生怕见花开花落，朝来塞雁先还"的感叹，则形象地抒写了他对自己虚度年华的愤慨和苦闷。这些词中交织着复杂而又矛盾的心情，构成了辛词中沉郁的一面。

辛弃疾的这些词在艺术上有极高成就。首先，他在词中创造了雄奇阔大的意境，这取决于他个人远大的政治抱负和独特经历。在［永遇乐］（千古江山）中，他通过"舞榭歌台"、"斜阳草树"、"寻常巷陌"等富于历史意味的遗迹，把时空联系起来，营造出一幅既苍凉又深远的图景；在《永遇乐》（何处望神州）中，他把登临怀古和感慨国事高融一处，境界开阔，感情深沉。其次，辛弃疾发扬了苏轼的豪放词风和南宋初期词人的战斗精神，还继承了楚辞中以香草美人为喻的传统，形成了个人慷慨激昂而又沉郁深曲的风格，既有"壮岁旌旗拥万夫"的雄放，又有"更能消几番风雨"的婉曲。

此外，辛词的语言也独具特色。前人说苏轼以诗为词，辛弃疾则以文为词，以论为词，在词中带有策论的色彩。他还广泛引用古近体诗、经史、小说的书面语言和典故以及民间口语入词，熔铸百家，挥洒自如。但有的词用典和议论过多，流于晦涩艰深，有"掉书袋"之弊。

辛弃疾这些抒写爱国情怀、表现了铁血男儿的英雄气概的词作，是他的词中最有光彩的瑰宝。

陆游早年饱经忧患

陆游（1125~1210），字务观，号放翁，越州山阴（今浙江绍兴）人，南宋著名爱国诗人、词人。

南宋初期，金兵继续南下，要求祖国统一成为当时许多进步作家的共同创作倾向。陆游继承了从屈原到杜甫的爱国主义精神，在诗歌中集中反映了广大人民抗敌御侮的要求，抒发了慷慨悲壮的爱国激情，成为南宋爱国诗人的杰出代表。

陆游出身于一个有文化传统的世宦之家，幼年时逢金兵南侵，他随家人长期逃难，"儿时万里避胡兵"给他留下了深刻的印象。他的父亲陆宰多与爱国志士交往，常在家中谈论国事，这对他形成忧国忧民的爱国情怀很有影响。他"万卷纵横眼欲枯"，既师从当时著名诗人曾几，又善于从前代伟大诗人屈原、陶渊明、李白、杜甫、岑参等人的诗作中汲取营养，诗名早成，作品中洋溢着轩昂豪壮之气。他向往着"上马击狂胡，下马草军书"的报国立功生活，好读兵书，又习剑法。他在早年的《夜读兵书》一诗中写道："平生万里心，执戈王前驱。战死士所有，耻复守妻孥！"由此可见他的报国理想与英雄气概。

陆游仕进之路并不顺利。他29岁时赴临安（今杭州）应进士试，名列前茅，但由于名次超过秦桧之孙，平时又"喜论恢复"，故遭到投降派权奸秦桧的忌恨，将他除名。直到秦桧死后三年，他才得以步入仕途。孝宗继位之初，主战派稍占上风，陆游方被召见，赐进士出身。他积极向朝廷提出许多政治和军事方面的建议，力主北伐。但随着北伐失败、主战派失势，陆游亦被罢官还乡，直至46岁方复出，远行入蜀任夔州通判。

这段时间是陆游诗歌创作生涯的早期，约有30年。他曾自言"六十年间万首诗"，现存的9300余首中，早期诗作仅有200首左右。陆游这一时期的诗歌内容欠充实，偏重于追求语言韵律，有"欲工藻绘"的倾向。故后来他大加删汰，"去十之九"。但他早期在诗歌文字形式方面的努力，为取得后来的成就打下了基础。

陆游早期创作中较引人注目的有词作《钗头凤》。陆游与前妻唐婉感情甚笃，但被其母强行拆散婚姻，这首词便表现了封建礼教压迫造成的爱情婚姻悲剧给作者带来的痛苦、怨愤和无可奈何的心情。词中前后对比，情景交融，婉约缠绵，词切情深，有很强的艺术感染力。

这一时期所作《游山西村》一诗，展示了诗人热爱生活、热爱大自然的情怀。其中"山重水复疑无路，柳暗花明又一村"的诗句，融诗情与哲理于一炉，呈现出自然流畅又清新俊逸的风格。这首诗是陆游吟咏日常风物的闲适细腻之作中的优秀篇章，别具一格。

朱熹等创社仓法

社仓法是南宋救济灾民之法，由朱熹等人创制，后在全国推行。

乾道四年（1168），建宁府崇安县（今属福建）发生了饥荒。五月，在朱熹的请求下，建宁府贷给他常平振贷米六百石。朱熹用这些米设了社仓，登记民众户口，散给粮食作为赈济，人民因而得以渡过灾荒。后来，稍微有了些丰收，人民就自愿偿还所欠粟米。知府王淮颁令，将粮食一概留在乡里，仅将户口上报官府，从此以后每年敛散，这就是社仓法的开始。丰收时，当年要加息计米偿还；歉收时，则减息大半；饥荒发生时，则不用付息。后来，积息已数倍于本，就不再收息，每石只多收米3升。

朱熹像

社仓法后来于淳熙八年（1181）奏行各路，规定借常平或富人的粮食，在乡里设置社仓，命富户主持，由都社首、保正和在乡士大夫协同办理，开始收息 2/10，等到利息是本钱的 10 倍时，就不再收息。

朱熹《诗集传》开新义

朱熹（1130~1200），字元晦，号晦庵，徽州婺源（今属江西）人，曾侨居建阳（今属福建）。南宋哲学家、教育家、文学家。曾登绍兴进士第，历官转运副使、湖南安抚使、焕章阁待制、侍讲。

朱熹写过大量讲解儒家经传的著作，成为明清两代的官方哲学，影响深远。而他的《诗集传》、《楚辞集注》及其他诗文杂著中的评论文学见解在当时也影响极大，尤其是《诗集传》，它对《诗经》的研究有新突破，开了新义。

《诗集传》、《宋史·艺文志》著录 20 卷，今存 8 卷。朱熹解诗，起初信从《诗序》，后取郑樵之说，摒弃《诗序》而就诗篇本身探索本旨。文字音义，则杂取毛、郑，间用齐、鲁、韩三家，以己意为取舍，不拘泥于训诂。

《诗集传》释义简洁，明白易晓，每篇都指出主题，每章都指出大意，

南宋《江山万里图》，赵黻画。

常常有新的注解。如说《邶风·谷风》是"妇人为夫所弃，故作此诗，以叙其悲怨之情"。说《小雅·都人士》为"乱离之后，人不复见昔日都邑之盛，人物仪容之美，而作此诗以叹惜之"。这些解释，比较切近诗旨。他说《园风》是"民俗歌谣之诗"，"赋、比、兴"是写作手法特点，突破了《诗序》和郑玄的解释。"赋者，敷陈其事而直言之者也"，"比者，以彼物比此物也"，"兴者，先言他物以引起所咏之词也"。这些解释简明扼要，至今仍被《诗经》研究者广泛引用。

但《诗集传》又常以"天理人欲"之说来解释恋爱婚姻的诗，难免曲解诗的本意。此外，它采用吴棫的"叶韵"说来解释《诗经》的用韵，也往往偏离古韵。

朱熹《诗集传》研究《诗经》开了新义。此后，研究《诗经》者多以此为宗，元明以后科举取士也以此为准，《诗集传》对后世影响深远。

禅宗开始东渡

南宋时代，禅宗在中国已经进入全盛时期，江南五山十刹得到政府的提倡，全成禅寺。荣西是日本禅宗的开山祖。1169 年，他第一次到明州参拜天台山和阿育王山，带回天台宗的新章疏和茶籽。1187～1191 年，荣西第二次到明州，向天台山万年寺的虚庵怀敞学禅，怀敞移居天童山后，他也随往继承法统，宋孝宗封他为千光法师。回国以后，他将禅宗的临济宗在日本传扬，著成《兴禅护国论》，开始脱离天台宗，提倡修禅护国，宣扬"见性成佛"、"不立文字"等，切合武士的口味，得到当时的镰仓幕府的大力支持，在日本全国迅速传播开来。荣西在博多修建圣福寺，在镰仓修建寿福寺，在京都创建建仁寺，给当时正期待变革的日本佛教以强烈的刺激，在日本掀起一股学习禅宗的风气。

至 13 世纪，中国也有禅僧到达日本，传播禅宗。1246 年，阳山兰溪道隆来到日本，成为镰仓禅宗道场的开创者。1248 年 12 月，他又应幕府执政北条时赖的邀请，在镰仓粟船常乐寺开讲禅学。1253 年，北条时赖建成"建长寺"，从此日本才有了独立的禅寺，不再和天台、真言寺庙相混。禅宗在幕府的保护下，也不再受天台、真言宗的排斥。道隆东渡，为日本禅宗奠定了

文化大发展时期

南宋观音菩萨坐像

基础。此后，执政北条时宗特地从明州天童山请来无学祖元主持镰仓建长寺。1282 年镰仓圆觉寺建成之后，祖元成为开山祖。北条时宗等许多镰仓武士都跟从祖元学禅。据说在 1281 年元兵大举进攻博多时，祖元鼓励镰仓武士发扬勇猛精神，北条时宗更是临危不惧，继续参禅不止。禅宗从此在日本落地生根，使得武士道中增添了视死如归、死生本一的精神。

禅宗的传播，对日本的建筑、工艺和社会习俗等方面都产生了深远的影响。在建筑上，输入天竺式和唐式两种式样，改变了日本原有的建筑模式。中国的陶瓷、丝织工艺也借禅宗的传播在日本得到了发展。荣西到中国后，将茶种带回日本，提倡种茶、喝茶，后来发展起独具民族精神的日本茶文化。

七子传播全真教

全真教创始人王喆自大定七年（1167）东游传教，在胶东一带，广收弟子。马钰（号丹阳，1123~1183）、孙不二（号清净，1119~1182）夫妇，以及谭处端（号长真，1123~1185）、刘处玄（号长生，1147~1203）、丘处机（号长春，1148~1227）、王处一（号玉阳，1142~1217），郝大通（号广宁，1140~1212），是王喆的七大弟子，也是全真教发达的骨干成员，所以世人尊称为"全真七子"。

胶东自古多出方士道士，修道成仙之风甚浓，七子多出身于当地富庶之家，受习俗熏染而乐于修道。他们无论道教修养，还是文才抱负，都是当世一等一的人才，追随王喆之后，成为传播和光大全真道的得力成员。

王喆死后，七子继续在秦、冀、鲁、豫一带修炼传教。他们一方面通过著述，结交士类，宣扬全真教教义；另一方面，含辛忍苦，以类似苦行头陀一样的举止感化世俗。如马钰夏不饮水，冬不向火，誓死赤足；王处一赤脚往来砺石荆棘中，世人号为"铁脚"；丘处机日乞一食，昼夜不寐者六年；郝大通持不语戒，在赵州桥下趺坐六年；种种苦行感化得入教者日益增多。七子秉承师训，起居检朴，自种自给，又轻财仗义，济人之急，使民众妇孺翕然相从。不久，全真教便形成一种强大的社会力量，南至淮河，北至大漠，西抵秦地，东向大海，都有全真教的势力。

到了刘处玄、丘处机掌教的时期（约1187~1219），全真教以山东半岛为活动中心，全真教团进一步发展而臻于壮盛，声名渐渐上闻于金廷。大定二十七年（1187），七子中最著神异的王处一赴召入京，世宗亲问以养生之道；次年，又召丘处机入京随侍；翌年，金廷再召王处一入京为去世的金世宗设醮求冥福。此后，金廷多次召见七子，颁赐度牒、观额、道经等物。金朝统治者的重视使全真教声价日高，全真七子们也尽力为朝廷效命，丘处机就曾做过为朝廷出面招安义军的事。在金与蒙古连年交兵的战乱年代里，全真道反得以迅猛发展，走向鼎盛阶段。

金南迁后，全真道便成为金、南宋、蒙古逐鹿中原所要争夺的一个重要目标。在这种复杂的时势中，身为掌教人的丘处机作出了最明智果断的决择，他推辞了宋金两朝，而以七十高龄，跋涉数万里，赴成吉思汗之邀，全真道在后来蒙古人统治的岁月里得以继续自由发展，成为人们在精神上和生活上的避难所，丘处机的先见之明功不可没。

杨无咎画村梅

南宋初年，文人画家杨无咎对村梅心有独钟，所画墨梅，可谓一枝独秀。

杨无咎（1097~1169），字补之，江西清江人，号"逃禅老人"。为人正直耿介，一生无意仕途。南宋初，因不依附权臣秦桧，"累征不起"。工于书法，善于词句，精于绘画，擅长用水墨写梅竹、松石、水仙，尤以墨梅著称于世。

杨无咎画梅师宗仲仁。仲仁是北宋末年以善画墨梅著称的花光和尚，由于偶见月光将梅花影子映照在纸窗上，就创造出以墨晕作梅花的画法。杨无咎继承其法并有所变化，创造出一种用细线圈花的画法，取材多为山间水滨的野梅，疏枝冷蕊，具有荒寒清绝之趣。他这种淡墨白描的画梅方法，更能表现梅花的清妍之态。然而，他这种"野逸"格调的墨梅与宫廷画家笔下珍奇富丽的"宫梅"相比，风格趣味迥乎不同。传说宋高宗曾把他的作品贬称为"村梅"，他遂自题为"奉敕村梅"，由此可领略到他那凌傲霜雪的腊梅品性。

杨无咎的传世作品主要有《四梅图》、《雪梅图》、《孤竹图》等。

《雪梅图》，杨无咎画。

《四梅图》是纸本水墨长卷，画未开、欲开、盛开、将残四枝梅花。粗枝用焦墨飞白画成，枝梢以饱笔一挥而就，梅花用淡墨笔尖轻轻点缀，在水墨枝干映衬下，显得十分皎洁清丽，整个梅花的山野自然之态跃然纸上。

《雪梅图》绘野梅、疏竹，浓墨写干，细笔勾花，淡墨烘底，留下空白表现雪梅花，黑白对比分明，生动地传达出梅花的清肌傲骨。

杨无咎的村梅，不仅创立了墨梅新派，还推动了文人水墨画的新发展。当时仿学他的人很多，形成一股新的画风，元末明初著名的墨梅画家王冕与他有着不可分割的渊源关系。

宋海外贸易扩大

两宋时期，我国同亚、非地区50多个国家有贸易往来，海船直接到达的国家和地区，有20多个。海外贸易规模和范围都扩大了。

宋代，东到朝鲜、日本，南到南海各国（指当时东南亚和印度洋沿岸各国），西到阿拉伯半岛和非洲东海岸，都有中国海船的踪迹。宋代海外贸易的兴盛，有以下几方面的原因：一、宋朝历代统治者都很重视海外贸易。宋朝政府对海外贸易实行鼓励和支持的政策，大大促进了海外贸易的发展。二、很多外国人来中国经商，甚至定居。除官府和商人从事海外贸易外，我国沿海一些无地的农民，也有许多人为谋生路，出海经商，长年在外，不归故里。三、宋朝时，中国是世界上造船水平最先进的国家。两宋时的船，抗风力强，并且装有指南针，能准确辨识航向。技术先进的造船业为宋代海外贸易的扩

文化大发展时期

印度出土的九世纪的中国陶器

古代阿曼人喜爱的中国陶瓷

土耳其收藏的中国陶瓶

埃及开罗伊斯兰博物馆陈列的中国瓷瓶

土耳其收藏的经加工后的中国陶瓶

大提供了可靠的物质保障。

在海外贸易的推动下，宋代的海港增加了许多。宋朝重要的外贸港口有泉州、广州、明州、杭州、温州等。广州是最大的海港城市。两宋政府在这些港口设立市舶司，管理海外贸易。海外贸易同时促进了造船业的发展。

东南沿海的广州、泉州、明州等地，都有发达的造船业。北宋东京郊外，建有世界上最早的船坞。南宋沿海地区制造的海船，规模宏大。1974年泉州湾出土一艘南宋海船，残船就长达24米。

随着海外贸易规模的扩大，它对社会经济生活领域的影响就日益深刻起来。首先，海外贸易刺激了国内商业的发展。对外贸易中的进口货物使市场的商品种类更加丰富多彩；而外商需求的出口商品又吸引了国内客商汇集在海港城市。沿海城市的兴起都同海外贸易有着直接的联系。其次，某一种产品的大量出口，刺激了这类商品的生产。

宋朝海外贸易中，中国以输出瓷器和丝织品为主，这样就促使制瓷业在两宋时期大放光彩，产量大增，瓷窑遍布各地。而某些商品的大量进口，对国内的生产发展和技术进步起到积极的作用。如硫磺的进口对火药的改进起

泉州出土的南宋海船，长24.2米，宽9.15米，排水量约370吨，是南宋时期中等船位的海外贸易货船。

印度尼西亚日惹市苏丹王官收藏的中国瓷盘

文莱的加里曼岛海滩采集到的中国宋代陶器

到促进作用。最后，两宋时期海外贸易收入，在财政上占有重要地位，不容忽视。宋高宗末年，对外贸易所得，达到财政总收入的 15% 多。宋朝正是通过对海外贸易进行抽税，获得了巨大经济效益。

　　宋代海外贸易的扩大，不仅仅在经济生活方面获益，而且在政治生活方面也取得了巨大的成就。两宋时代，与宋朝海路通商的国家，不但包括了自汉、唐以来一直与中国有贸易往来的国家和地区，而且也包括以前尚未建立直接贸易联系的国家和地区，既发展了经济，又传播了中华民族的文化。

宋辽金夏

1171A.D. 宋乾道七年　金大定十一年　夏乾祐二年　西辽崇福八年

七月，宋吴拱修复山河堰，浚大小渠六十五里成。

宋文学家王十朋死。

1172A.D. 宋乾道八年　金大定十二年　夏乾祐三年　西辽崇福九年

三月，金北京民曹贵等谋反金，被杀。

1173A.D. 宋乾道九年　金大定十三年　夏乾祐四年　西辽崇福十年

正月，宋罢福建盐钞法。

九月，宋修中兴会要成。

十二月，宋改广西盐法。

金雕大藏经成。

1174A.D. 宋淳熙元年　金大定十四年　夏乾祐五年　西辽崇福十一年

正月，宋以交趾李天祚为安南国王。

七月，宋江东修治陂塘成。

1175A.D. 宋淳熙二年　金大定十五年　夏乾祐六年　西辽崇福十二年

四月，宋茶户赖文政等起事于湖北，入湖南、江西，屡败官军，六月至广东，至九月败死。

二陆与朱熹会于鹅湖。

文学家朱敦儒、张天斡去世。

1176A.D. 宋淳熙三年　金大定十六年　夏乾祐七年　西辽崇福十三年

金京府设学。

五月，金以女真文译史记等书成。

1177A.D. 宋淳熙四年　金大定十七年　夏乾祐八年　西辽崇福十四年

十一月，宋以两淮归正人为强勇军。

宋太学建"光尧石经之阁"。

1178A.D. 宋淳熙五年　金大定十八年　夏乾祐九年　西辽末主直鲁古天禧元年

是岁，西辽承天皇后为部下所杀，仁宗子直鲁古嗣位，改元天禧。

1179A.D. 宋淳熙六年　金大定十九年　夏乾祐十年　西辽天禧二年

二月，宋吕祖谦编宋文鉴成。

朱熹重建白鹿洞书院。

1180A.D. 宋淳熙七年　金大定二十年　夏乾祐十一年　西辽天禧三年

理学家陆九龄去世。

1171A.D.

威尼斯任命总督之权转移至四百八十人之大会议，此为商业资产阶级在政治上之另一大胜利。

1174A.D.

萨拉丁进攻叙利亚，占领大马士革，次年又占领阿勒颇。

朱熹讲学白鹿洞

朱熹（1130~1200）是宋代理学集大成者，也是南宋时期的教育家。淳熙六年（1179），他在出任南康（今江西省星子县）地方官时，重修庐山白鹿洞书院，制订《白鹿洞书院学规》，讲学授徒，宣扬理学。朱熹创办白鹿洞书院，培养了大批人才，为"闽学"学派的形成打下了基础。他为书院教育制定的一整套教学规章制度，对当时及后世的教育产生了很大的影响。

白鹿洞书院也称白鹿洞书堂，原是唐代李渤和兄长隐居读书处，朱熹重修白鹿洞书院后自任洞主，并为书院制定条规，对书院的宗旨，为学之序以及修身、处事、接物之要作了系统的规定。他强调为学宗旨不是务记览为词章以钓名声取利禄，而是讲明义理，修己治人。朱熹严厉地批评南宋学校以科举为直接教育目的，认为国家设立学校的最终目的在于造就贤才，改善吏治。

朱熹重视教育，在中国教育史上，他第一次把儿童教育和青年教育作为一个统一过程来考察。他把人的一生分为小学教育（15岁以前）和大学教育（15岁以后）两个阶段。小学教育的基本任务是引导少年儿童遵守道德伦理纲常，并训练他们自觉地按伦理规范行事。大学教育的基本任务是研究义理。朱熹重视读书明理对人的道德修养的作用，认为熟读"五经"是穷理的途径，大学教育始于读书，终于修身。

朱熹不仅指出小学教育与大学教育的不同宗旨，而且著书立说，为学校教育提供教科书。他根据儿童的特点，从经传史籍中广泛地采集有关伦理道德的格言、训诫、故事等，编成儿童道德教育用书《小学》，流传甚广。他还编著《童蒙须知》，对儿童日常生活各方面的活动如穿戴、出入、读书等作了详备的规定，成为培养儿童道德习惯的教材。大学教育包括了青年和成人教育，朱熹著《近思录》、《论语集注》、《孟子集注》、《大学章句》、《中庸章句》、《资治通鉴纲目》等注述引导学者读书明理，培养道德，把知识训练和道德修养结合起来。

文化大发展时期

江西庐山白鹿洞书院，是理学传播的中心。

朱熹对周秦以来的教育理论、教育实践作了系统的总结和改造，建立了完整的教育理论体系，成为封建社会占统治地位的教育学说，朱熹的一些著述，也成为封建学校的法定教科书，对封建社会的道德教育和知识分子治学态度、人格修养都产生了深远的影响。

吴拱修山河堰

宋乾道七年（1171）七月，兴元府（今陕西汉中）知府吴拱修复山河堰。

山河堰据说是汉初萧何、曹参修建的。绍兴年以后，该地人口减少，对山河堰的管理荒废。南宋政权重新重视水利建设，逐渐兴建或修复了许多大型的水利工程。乾道七年，王炎被委任为枢密使、四川宣抚使。他到任后，命兴元府知府吴拱修复山河堰。为此，曾出动了士兵上万人，共修了六堰，疏通大小渠道六十五里。总共耗费宣抚司、安抚司、都统司经费三万多缗。山河堰修复以后，南郑（今陕西汉中）、褒城（今陕西汉中北）等地有二十三万多亩地得到了灌溉，保障了这一广大地区农业生产的稳定发展。

宋重订吏法

南宋时期，法制很明晰，徇情废法的现象相沿成习。淳熙元年（1174），龚茂良上奏朝廷，指出国家的法令本身没有弊病，但在具体应用上因援例而行，出现了差错损害了法令的公正威严，作为国家命运所系的法令应当天下人共同遵循，援例而行就可能使法令因人而立，有破例或因例立法的现象。徇私枉法也就不可避免，为此，他请求朝廷重新修订吏法，得到朝廷的批准。

龚茂良等人对旧有的《吏部七司法》重新考定、厘正，修订出《淳熙吏部七司法》，于次年年底正式颁行天下。淳熙三年，龚茂良等人又将七司法分门别类加以删定，编成《吏部条法总类》一书。

此外，宋代现行条法、有律、刑统、敕、令、格、式及续有指示，非常分散，查阅起来十分不便，而当时的官员大都不熟悉律法，只能临事借助胥史，很容易被欺弊蒙骗，因而下令，仿照《吏部条法总类》将其律、刑统、敕、令、格、式及续有指示等以事统摄，分类编排查阅方便，而且十分明悉，这样就不易被书吏所蒙蔽，减少了舞弊的可能性。

淳熙七年，丞相赵雄等人将重订的条法呈进。孝宗赐名《淳熙条法事类》。次年三月，《淳熙条法事类》颁行天下。

陆九渊创心学

陆九渊（1139~1193），字子静，号象山，因曾在象山讲学，又叫象山先生，抚州金溪（今属江西）人，乾道进士，曾任靖安、崇安等县主簿，官至奉议郎知荆门军，陆九渊与其兄陆九韶、陆九龄学识渊博，人称"三陆"，尤以陆九渊影响最大。他把儒家学说和佛教禅宗思想相结合，并承袭和发挥了程颢的天即理即心的观点，提出"心即理也"的命题，认为"心"是天地万物的本源。他创立的这种主观唯心主义哲学又称为"心"学。他的论学书札、讲学语录和诗文，在他死后由其子陆持之编为《象山先生山全集》。

陆九渊创立"心学"，以"心即理"为心本论。陆九渊以"心"为本，同时接纳客观天理的存在，承认"理"也是宇宙的本原和万事万物存在的根本原则。他认为"理"是至高无上的，宇宙的万事

陆九渊像

文化大发展时期

万物都受"理"的制约，都应遵循"理"的原则。陆九渊认为"心"是宇宙万物的本原，并提出"宇宙便是吾心，吾心便是宇宙"的重要观点，把心与宇宙等同起来。陆九渊还认为"心"是伦理性的实体，而人的道德行为是"心"的外在表现，认为"心"是社会道德原则的本原。这样，陆九渊认为的"心"，具备"理"或"天理"的基本特征，同时又承认"天理"的存在和它的至高无上性，因而他提出"心即理"这一重要命题。他的这一命题，不是从"理是心的产物"这个前提得出来的，而是从"心"与"理"同一、合一这一角度得出的。这种把"心"与"理"同一的观点，正是儒家"天人合一"的传统观念的继续和发展，这就表明，陆九渊的"心即理"的命题，不仅具有主观唯心论的一般特点，而且还具有儒家思想和宋代理学思想特色。

陆九渊的"心学"创立了"心学"的"简易工夫"，这是陆九渊创立的认识论与道德修养论。陆九渊从"心即理"、"宇宙便是吾心，吾心即是宇宙"的观点出发，自然地认为，认识"理"和"宇宙"，也就认识"本心"。他所说的心，是指伦理道德的精神实体。陆九渊所说的"简易工夫"，就是他们说的"发明本心"，这只是一种对封建伦理道德的自我反省、自我认识的过程，它如同禅宗的"顿悟"方法，具有神秘的、非理性的色彩。陆九渊针对人心有弊提出了"剥落"的修养方法，他把"心"的弊端，看作如同一件洁净的东西被脏污的泥土所包裹，须一层一层地剥去污泥才能使"心"恢复本来洁净的面目。而他认为这种"剥落"的工夫，是依靠"顿悟"达到的。这样，陆九渊创立的"简易工夫"，与朱熹的观点相比，大大简化了"穷理尽性"的繁琐过程，简便易行，人人可为，时时可为，事事可为，故称之为"简易工夫"。

在陆九渊的"心学"中，还具有怀疑精神，主张"自主自重"，提倡独立思考，对促进理性思维，极有价值。而且，陆派"心学"还包含某些对封建伦理和政治制度起破坏作用的因素。陆九渊主张做超越社会伦理之上的独立超人，以至他宣称"六经皆我注脚"，对儒家经典表示轻蔑，这在历史上是有积极作用的。

《宋文鉴》编成

淳熙六年（1179）正月，吕祖谦等人编撰的《宋文鉴》正式成书。

早在淳熙四年，宋孝宗看到江钿编撰的《宋文海》，下令临安府校正刊行。学士周必大得知，立即向孝宗上奏，说这本书有很多谬误差错，恐怕难以留传后世，不如委派翰林学士对它进行铨释，再刊行不迟。孝宗采纳了他的建议，命令秘书郎吕祖谦校正，再由临安府刊行。

吕祖谦对《宋文海》进行了大幅修改。对原书重新分门别类，还进行了详尽的考证。淳熙六年，这本书终于编订成，吕祖谦把它进呈孝宗。接着，孝宗叫周必大写成《文海序》。孝宗采纳周必大的建议，赐书名为《皇朝文鉴》。

文鉴成书后，有些大臣上奏说，文鉴中选的诗多是描写田里疾苦，是借旧作讽刺当今；所选的章疏，也往往指摘祖宗过失，最好不要把它留给后人。孝宗于是又叫人对它修改。因而这本书迟迟没能刊行。

朱熹、陆九渊会于鹅湖

淳熙二年（1175），南宋两位哲学家陆九渊、朱熹在江西信州（今上饶）鹅湖寺进行了一场大辩论，这就是中国哲学史上有名的"鹅湖之会"。在鹅湖之会前一年，陆九渊已形成了自己的"心学"观点，与理学代表朱熹的观点相矛盾，而鹅湖之会，是朱、陆两派论争的开始。

孝宗淳熙二年四月，吕祖谦自浙江金华到达福建同朱熹一起商讨学问。其时朱熹思想体系与学术规模已大体确立，对陆九渊的学术虽了解不多，但已断定它为"禅学"。而陆九渊的"心学"由江西扩大到两浙，其影响十分引人注目，并且一开始就以朱学为"支离"，提倡"发明本心"的"易简"功夫。作为朱、陆朋友的吕祖谦"虑朱与陆犹有异同，欲会归于一而定其适从"，于是出面约请朱熹和陆九龄、陆九渊兄弟在信州（今江西上饶市）鹅湖寺举行一次会晤。

　　大约在五月二十八、二十九日，朱熹、吕祖谦及一行师友弟子到达鹅湖，陆氏兄弟随同一班弟子也一起抵达。这是朱、陆的首次会面。朱陆之会在当时的学术界就被视为一场盛事。鹅湖会一开始就产生了争端。陆九龄拿出头天作好的一首诗与朱熹开始辩论，而陆九渊则插上来吟咏和诗，说："墟墓兴衰宗庙钦，斯人千古不磨心。……易简功夫终久大，支离事业竟浮沉。……欲知自下升高处，真伪先须辩只今。"对朱熹展开攻击。第一天的辩论也就暂告休会。在第一天中，朱熹与陆九渊的矛盾就已经全部摆出来了。陆氏兄弟的诗从"道在吾心"出发主张"发明本心"的"易简功夫"，而反对朱熹的"格物致知"、"读书穷理"，表明了理学与心学的两个基本矛盾：一、性即理，理散见于事事物物中；心即理。二、即物穷理；发明本心。第二天，两人主要就诗中提出的矛盾展开论辩。此外还就一些具体的经学、理学问题进行切磋，很多方面达成了一致。但上述根本矛盾并没有解决。这以后，鹅湖论辩讲学在比较和缓的气氛中进行到六月八日，朱、吕、陆才分手各自回去。

　　约十天的鹅湖之会在根本方法上并没有达到"会归于一"的预期目的，反而使"理学"与"心学"从本体论到方法论上的差异大为彰显，不过这促进了双方的相互了解，双方都表示要考虑对方观点，克服一己之偏。但是在鹅湖会后，虽然在"尊德性"和"道问学"这两方面互相靠近，但在平素讲学活动中，论起根本方法，仍是驳斥对方的偏颇，"理学"与"心学"的鸿沟毕竟还是没有填平。朱陆的分歧是儒学内部的分歧。这种争论对"理学"和"心学"的各自发展均有很大的促进作用，对明清的思想家于"理学"、"心学"的批判、吸收、改造都有很大的启发作用。

杨万里创诚斋体

杨万里（1127~1206），字廷秀，号诚斋，吉州吉水（今属江西）人，世称诚斋先生，南宋杰出诗人，诗与尤袤、范成大、陆游齐名，号称"中兴四大诗人"。

杨万里于绍兴二十四年考中进士，曾任秘书监，官至宝谟阁学士。他秉性刚直，屡次上疏指责朝政，忤逆权相韩侂胄，罢官家居 15 年，忧愤而死。

杨万里的诗初学"江西体"，中年后焚尽所作千余首，转而学王安石及晚唐诗，终于独立门户，自成一家，时称"诚斋体"。时年 51 岁。

诚斋体的形成，与杨万里提倡的"活法"有关，立足点是师法自然，善于捕捉稍纵即逝、转瞬即改的自然情趣，巧妙地摄取自然景物的特征和动态，并用生动、活泼而富有变化的语言表现出来。诚斋体的另一个特点是幽默诙谐，这主要继承了陶潜、杜甫、苏轼等人诙谐打诨的作风，并加以发展。如《嘲蜂》、《嘲蜻蜓》、《嘲稚子》、《嘲星月》等，大自然的一切，均可入诗，而且都富有幽默感。

诚斋体另一个特点是语言平易浅近，自然活泼，这比起江西诗派的生词拗句显然是一种大胆的解放。杨万里也写了一些反映农民生活的诗，如《插秧歌》、《竹枝词》等。

杨万里的诗歌理论主要见于《诚斋诗话》中，他强调诗歌的社会作用，表现方法上主要讲的是"活法"，崇尚独创，反对死守规则的模拟之风。

杨万里的成就和贡献主要表现在诗歌艺术风格方面，其"诚斋体"对后世影响颇大，传世作品今存 4200 多首。他的七言绝句对南宋中后期的江湖派诗人及清代的郭麔等人影响较大。

《杨万里诗意图轴》，明代周臣作。

宋雅学发展

宋代训诂学出现了新的思潮，学者们不受旧说的束缚，刻意求新，成为这一时期的主要特征。而且，宋人一反魏晋以后繁冗深芜、穷其枝叶的风气，以简明扼要、通俗易懂为注释的宗旨，体现了以沟通古今为目的的注释原则，这是注释工作的一大进步。

训诂学发展的同时，训诂专书也得到了发展。

《尔雅》是中国第一部有系统的训诂专书，它对后来的训诂学有很大的影响，《尔雅》之后，派生出一系列增广、模仿它的著作，即所谓"群雅"，它们是雅学的共同组成部分。

宋代的重要雅学著作有两部，即北宋陆佃的《埤雅》和罗愿的《尔雅翼》。

陆佃（1042～1102），曾受学于王安石，北宋神宗时官至尚书右丞，精通经义和小学，曾修订过《说文》，他的《埤雅》原名为《物性门类》，但因作此书有增益《尔雅》的意思，所以改称《埤雅》。

《埤雅》是一部专门解说名物的著作，它的解说方式完全打破了历来雅书排列同训词的旧例：不仅解说事物外形，还常常解释其"名义"，即事物得名之由。书中征引广泛，保存了不少有价值的资料。但受王安石学术的影响，陆佃的解说有时不免穿凿附会、流于臆说。

罗愿（1136～1184），曾任鄂州知州而世称罗鄂州，他的《尔雅翼》完成于南宋孝宗淳熙元年（1174），性质与《埤雅》相同。"《尔雅》翼"本身就有"《尔雅》之辅翼"的意思。这本书虽也专释名物，但多有考证，内容精当，体例较严，为后人所称道，认为成就高于陆佃的《埤雅》。

从《尔雅》发展到《埤雅》、《尔雅翼》，雅书改进了说解方式，由同义词互训改进为百科词典式的说解，显示了雅书在宋代的发展。

金华学派兴起

文化大发展时期

南宋，一个新的理学流派"金华学派"兴起。金华学派为著名理家吕祖谦所创，学派因他而又名"吕学"、"婺学"，其理论包括天人无间的天理论、"心即道"的心说、"存本心"、"反求诸己"的认识论、"明善复善"的人性论和"有用之学"的致用学说几方面，兼取朱学的格物致知、陆学的明心之长，是朱陆合流的第一派。继吕祖谦后又有王应麟独得吕学大宗，将金华学派发扬光大。

吕祖谦字伯恭，婺州（今浙江金华）人，学者称"东莱先生"，与朱熹、张栻齐名，合称为"东南三贤"。吕氏家学源远流长，虽受佛学影响很深，但仍以儒学为宗。吕祖谦受二程思想影响很大，他一面研究理学思想，一面刊印《伊川易传》传播理

南宋《雪窗读书图》

学。

吕祖谦继承了二程的理学思想，"理"是他思想的最高哲学范畴，是宇宙万物的总原则。他认为"理"无所不在，不仅是自然界的最高原则，也是人类社会的最高原则，它体现为道德规范，又体现为礼乐刑政制度，包括孝、忠、友、义、敬、肃等都是出于"天理"，这样，就给封建道德披上了神圣的"天理"外衣。这种包蕴了物质世界而永恒存在的"天理"，存在于万物，又统辖万物，只能是精神性的本体。他又把"天命"与"理"沟通，表明他理学思想和宗教思想的相互沟通。

吕祖谦虽然把"理"看成最高范畴，但又十分强调"心"的作用，试图调和折衷理学和心学两派的分歧。他从天人无间的观点出发，认为天命与人心相通，进而又把作为宇宙本体的"理"和作为人的思想意识的"心"联系起来，突出了"心"的地位，使之上升达到"理"的高度，可以从这里看出陆九渊的某些思想痕迹。吕祖谦还提出"圣人之心"，把所谓"圣人之心"的主观意志说成神圣不可侵犯的天意，以维护圣人统治。

吕祖谦的认识论以自存"本心"和"反求诸己"为首要，主张力行封建伦理道德，倡导纯向心探索的功夫，这决定了他的认识方法不是向外界求取知识，而是探索内心，这一方法，与陆九渊"发明本心"的认识方法基本一致，但他不提倡"顿悟"，主张通过"集义"工夫去启发内心固有的觉悟，日积月累而达到"心解"。

与他的认识论密切相关的是人性论，他继承孟子性善论，又吸取张载和二程的"气质之性"的观点，来说明善恶是由于气禀的影响，他把至善的"道心"称为"内心"，至恶的"人心"称为"外心"，人必须通过内心修养，防止本心放逸，以巩固善心。

吕祖谦治性理之学，试图调和朱陆，带有折衷色彩，他又吸取永康、永嘉之学的成分，提出致用学说，他指出要学以致用，培养国家有用之才，对古人的评价，他也多从他们治理国家贡献的大小来衡量；他注重国计民生的务实之学，包含了拯救面临危亡的国家的忧心。

金华学派发展到宋末元初，王应麟在继承吕学调和朱陆的思想传统的基础上更多偏向心学，形成金华学派新的特色。

王哲创金丹道

炼丹术是追求长生不老的道教的一个基本技术，道士在烧炼丹药服食时也炼出了黄金白银（药金银），故又称为金丹术或黄白术。随着服食丹药成仙的梦想的破灭，道教史上又出现了另一批道士，专炼人体内的精、气、神以求成仙证真，他们袭用炉火烧炼的名称，理论来讲精、气、神的修炼，并称所炼的也是金丹。这样，在道教内部就有了两种完全不同的金丹术，为了区分，后人把前一种称为外丹，后一种则称为内丹。

兴起于唐朝末年的内丹炼养热潮流入两宋，愈益波澜壮阔，学说日益成熟，渐有取代内丹以外一切传统道教炼养术的趋势，并形成了以炼内丹为主旨的教派——主要流传于南宋的金丹派和兴起于金元之际的全真道。

内丹家为了保持神圣感，往往自秘其术，不将丹法尽泄于文字，而由师徒口口相传，把传授范围限制在狭小范围里。撰写《悟真篇》的金丹派南宋代表人物张伯端，也无意于创宗立教，更未组织教团，制定教规教仪。

北宋后期，内丹派的社会影响已相当广泛，正酝酿着内丹派大教团的产生。王哲应运而起，高树"全真"教帜，把一种混合型的心性之学，通过立会创社，组织成可以实际操作并约束行为的、能够组织民众直接干预社会生活的教化体系。

金世宗大定年间（1167~1169），王哲在山东一带广收弟子，并协力在文登、宁海、福山、莱州一带建立起五个教团会社，即三教七宝会、三教金莲会、三教三光会、三教玉华会、三教平等会，制定了《重阳立教十五论》，规定了全真道的基本教义教规，不仅正式创立了金丹道的组织形式，也为全真教性命双修、功行双全的炼养功夫奠定了基础。

全真道声威自此不断壮大，元代以后，它成为了与正一派对峙而传续至今的道教两大派之一。

文化大发展时期

陈居中作《文姬归汉图》

南宋画家陈居中精于创作少数民族风情生活画和鞍马等，在南宋画坛上独树一帜，引人注目。

陈居中，生卒不详，嘉泰年间，曾任画院待诏，主要描绘人物、蕃马、走兽等。他用墨笔法精致活泼，风格俏俊明丽，深受人们喜爱。

他的人物画以表现汉族和匈奴族的交往为主要题材，代表作有《文姬归汉图》、《胡笳十八拍》、《苏李泣别图》、《女猎图》等，现存作品有《文姬归汉图》，是历史题材作品，描绘蔡文姬从匈奴回到汉族故地时，与丈夫、子女告别的情形。

在布景上，该图别具一格，蔡文姬和她的匈奴族丈夫相视而坐，她的两个孩子紧紧抱着母亲，难舍难分；远处是整装待发的行队，驼马和随行人员均已准备就绪，即将出发。整幅画面显现了强烈的离别情愁，蔡文姬的悲痛心情跃然纸上。画中的 31 个人物和 12 匹鞍马，均形态各异，栩栩如生。

《文姬归汉图》再现了蔡文姬"天属缀人心，念别无会期，存亡永乖隔，不忍与之辞"的离人心境。整幅画面，既有哀悯被掳的人民怀念沦陷乡土的意味，也有表彰不屈的民族气节、暗讥朝廷恢复无策的感慨，实堪称是画中精品。

陈居中的走兽画也颇见功力，富有情趣。

陈居中扩大了中国画创作的内容，也是民族融合趋势在艺术创作上的反映，对后世民族绘画有较大影响。

《文姬归汉图》，陈居中画。

宋代车船发展成熟

早在公元 8 世纪的唐代，我国就已经出现了两轮战船车船。到了宋代，车船的制造技术发展很大，车船种类大大增加。当时的车船有一车、四车、五车甚至十三车，个别的还高达 20 至 30 多车，所谓车是按使用转轮数量为标准分级，一组两个转轮就称为一车。车数越多，船体一般也越大。车船并用轮桨，在内河湖泊可以根本不依靠风力而能够达到很高的速度。

西方造船史家认为，以人力踏水的轮船始于 15 世纪，而中国在 8 世纪末水军就装备了两轮战舰，而且到 12 世纪中叶又造出了长 30 余丈的大型车船。1130 年，杨幺起义军在洞庭湖与宋军展开激烈水战时，使用的主要战船便是车船。据史料记载，杨幺起义军所用车船长度即达 36 丈，采用楼船船型，船体相当大，可以容纳战士 1000 多人。

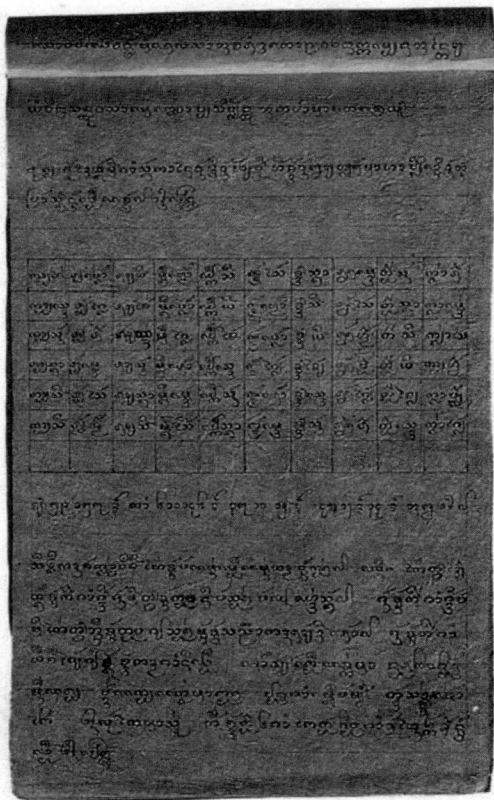

1180 年（傣历 542），第一世首领口八真主西双版纳，开始使用干支纪年的傣历。傣历的干支与汉历基本相同，但由于每年的起止时间有差异，傣历与汉历同样的干支年有几个月的差数。图为傣历。

这种车船在船上起楼，置拍竿，用辘轳操纵，使用22到24组转轮，旁边设有护车板，保护转轮免被碰撞损坏。由于此种楼船式车船规模巨大，只能适用于像洞庭湖这样的广阔水面，因而并不普遍，宋代主要使用的还是八九车以下的中小型车船。

但是，由宋代长达30余长大型车船的出现，足以看出当时车船发展达到的水平。到了13世纪，车船已经成为中国水军舰队的重要舰种了。

《通鉴纪事本末》刊行

淳熙三年（1176），袁枢撰写的《通鉴纪事本末》首次在严州（今浙江建德东）刊行，成为当时轰动全国学术界的大事。宋孝宗把《通鉴纪事本末》给太子，命将其与《陆贽奏议》一起熟读，并且说治国安邦的道理都包含在其间。

袁枢很喜欢读《资治通鉴》，但苦于这本书博大浩瀚，不便于检索事件的来龙去脉。于是他别出心裁，自出新意，以《资治通鉴》原文为依据拟定条目，分门别类，以事件作标题，将历史上的一些重大事件的始末详细地叙述出来，各自成篇。格式新颖，剪裁精当，从三家分晋开始，到周世宗征讨淮南结束，一共有239篇，分40卷。它的出现，首创了以纪事为主的史书编撰体——纪事本末体，综合了纪传体和编年体史书的优点并有新的发展，对后代史书的编纂影响很大。

永康学派反对空谈义理性命

在南宋，唯心主义理学在哲学思想界盛行，同时也出现了一些与之相对立的朴素唯物主义哲学，反对空谈义理性命。永康学派即是其中代表学派之一。

永康学派是以陈亮为代表的学派。陈亮（1143~1194），字同甫，浙江永康人，人称龙川先生。陈亮学术思想无一定师承关系，言论亦多与传统观点不同。主要著作有《龙川文集》40卷（今存本30卷）。此学派除陈亮外，有倪朴、王自中、喻偈、喻南强等。

辽代星象图，绘有北斗七星、太阳、月亮等"九曜"，以及 28 宿星、黄道 12 宫象。

在宇宙观上，陈亮认为"夫盈宇宙者无非物，日用之间无非事"，"物"是他的哲学思想的核心，"物"是真实的客观存在，作为普遍原则的"道"离不开具体事物，说"夫道非生于形气之表，而常行于事物之间者也"。他还认为人要认识"道"，必须深入到"事物之间"去，特别强调"行"对认识"道"的作用，强调人才成长要经过"百炼"，要在使用中鉴别。

在历史观方面，陈亮主张"古今并宜，圣贤之事不可尽以为法"，反对朱熹的三代以下天地人心日益退化的观点。他用"气"来解释社会历史的盛衰，说历史是"六十年一变"的循环发展，陷入神秘主义的"运数"论。

在伦理方面，陈亮提出一种具有功利主义倾向的道德学说。他肯定道德与事功不可分割。"天理人欲可以并行"，因为物质生活欲求出于人的天性，"得其正则为道，失其正则为欲"。陈亮强调事功、功利在道德评价中的重要性，认为观"心"，即动机固然重要。但更重要的是看"迹"，即效果。"心"要通过"迹"来表现，没有"迹"则无以判"心"，三代圣王与汉唐皇帝一样，都是有心有迹的，历史上从来就是"义利双行，王霸并用"。陈亮还提出"务实"口号。他批评朱熹把"天理"、"人欲"绝对对立起来，指出空谈道德性命的结果只能是"尽废天下之实"，造就一批国家民族"风痹不知痛痒之人"。

以陈亮的思想为代表的永康学派在当时被理学家视为"异说"。它的传播对理学的扩散有一定抵制作用。陈亮的学说受到明代李贽的称赞，对明清之际的黄宗羲、全祖望等人有一定影响。他的伦理学说与他革除弊政、抗击外侮的政治理想有密切的联系，具有进步意义，对后世的王夫之、颜元、戴震等人的伦理思想有积极影响。

1181～1190A.D.

宋辽金夏

1181A.D. 宋淳熙八年　金大定二十一年　夏乾祐十二年　西辽天禧四年

思想家吕祖谦去世。

程大昌作地理沿革图《禹贡论图》。

1182A.D. 宋淳熙九年　金大定二十二年　夏乾祐十三年　西辽天禧五年

朱淑真《断肠词》辑成。

1183A.D. 宋淳熙十年　金大定二十三年　夏乾祐十四年　西辽天禧六年

正月，宋改盐法。

六月，宋禁道学。

九月，金译经所译易、书等书成。

1184A.D. 宋淳熙十一年　金大定二十四年　夏乾祐十五年　西辽天禧七年

十二月，熊克纂九朝通略成。是岁，文字学家洪适死。

1187A.D. 宋淳熙十四年　金大定二十七年　夏乾祐十八年　西辽天禧十年

十二月，金再申女真人用汉姓之禁，并禁不得学南人衣装。

1188A.D. 宋淳熙十五年　金大定二十八年　夏乾祐十九年　西辽天禧十一年

金置女真大学。

丘处机、王处一为金世宗讲道，金朔道教三阳像。

1189A.D. 宋淳熙十六年　金大定二十九年　夏乾祐二十年　西辽天禧十二年

正月，金世宗死，皇太孙王景嗣，是为章宗。

1181A.D.

巴黎卢佛宫本年开始建筑。

1183A.D.

七月，日本源氏兵逼京都，平氏奉安德天皇西奔。八月，后白河法皇立后鸟羽天皇（八十二代）。

1186A.D.

阿富汗高尔朝夺取伽色尼最后根据地拉贺里，伽色尼王朝亡。

1189A.D.

第三次十字军参加者有皇帝腓德烈·巴伯罗梭，英王理查（狮心王）与法王腓力二世。

法兰西南部之埃罗城始以中国方法设工场造纸。西欧基督教国家自造纸张自此始。

1190A.D.

条顿武士团律培克与布累门商人在阿克（大马土革南）组织医院一所，不久移交耶路撒冷之日耳曼教会管辖。1198以此为基础组条顿武士团。总部设阿克与威尼斯达一百年之久。

宋推行朱熹社仓法于诸路

　　淳熙八年（1181）五月，严州、绍兴府发大水，将民居浸没上万家。江州、徽州也遭水灾。七月以后，天气干旱，久不下雨，包括临安在内的许多地方都遭受旱灾。宋廷派出专使到各地救灾，并且下令减免灾民赋税。十二月，开始在各路推行朱熹社仓法。

　　宋朝廷将朱熹所创的社仓法向各地推行。社仓的米一般来自官府和富人，由乡绅、保正等人主持社仓事务，并且还规定：借粮的人每十家为一甲，每

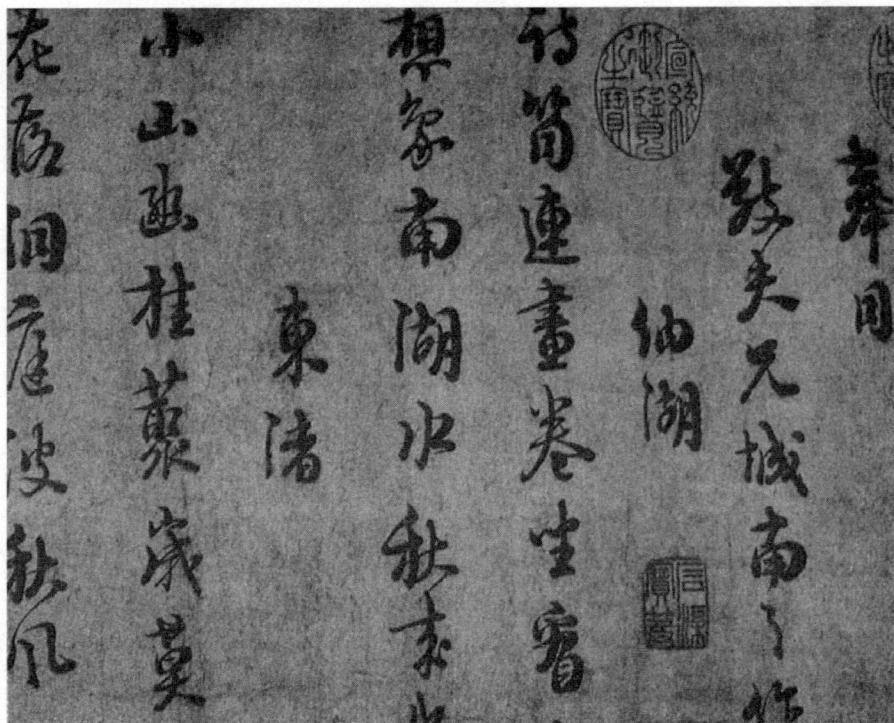

朱熹"城南唱和诗"帖

朱熹像

朱熹出生地——福州尤溪南溪书院

五十家推选一个社首，逃兵、无业游民等不得入甲。社仓法对救荒产生了良好的效果。但因为社仓事务由富户主持，沿用久了，弊端百出。社仓粮食要么被挪用、急需时无粮可借，要么向老百姓强行摊派征收，与正税毫无二致，这种赈济灾民的良好方法的功效很快就完全丧失了。

李焘编《续资治通鉴长编》

北宋孝宗淳熙九年（1182），李焘进呈编年史巨著《续资治通鉴长编》。这部史书记事起自建隆，迄于靖康，全书 980 卷，另撰《举要》68 卷，是中国史学上前所未有的、部帙浩繁的编年体皇朝史。

李焘（1115~1184），字仁甫，眉州丹棱（今属四川）人，于朝廷任职修国史。《长编》是他仿《资治通鉴》体例，以 40 年心血编撰而成。他在进言上书中强调此书"于实录、正史外，颇多所增益"，尤其是治平以后之事，凡"大废置、大征伐，关天下之大利害者"，都采取"宁失之繁，无失之略"的原则。由此可以看出李焘的撰史旨趣和著述方法，也可看出他受《资治通鉴》影响之深。李焘以一人之力，撰千卷之书，这是他超过前人的地方。

《长编》最突出的特点是翔实。一是所叙史事详尽，如神宗朝每年史事多达 9 卷，哲宗朝每年增至 15 卷。二是旁征博引，广采众说，仿司马光《资治通鉴考异》之法自注撰文，罗列异说。另外，他还顾及到所记史事的不同方面，如记熙丰变法之事时，虽然他自来"耻读"王安石书，但对变法派和反对派的言论、行事都详细记述，并不因主观喜好而有所偏袒。

《长编》在文字表述上也反映出作者在这方面所下的功夫之深。他记太平兴国三年（978）"吴越归地"事，把吴越王钱俶小心谨慎、曲意奉迎而终不免纳土的过程、北宋宰相卢多逊的建议和宋太宗的坚决，都写得从容、紧凑。对于事件的结局，一方面写出宋太宗盛典庆贺，一方面写出吴越王及僚属痛哭的情景，不同场面烘托出不同心情，将事件渲染得格外出色。《长编》中像这样的史笔屡屡可见。

李焘治史态度特别严谨，《长编》中他所增删修改之处有 4400 余事，并编为目录 10 卷，但他还在上书中说"抵悟何敢自保"。宋孝宗观览《长编》，称他"无愧司马迁"。朱熹教导门人："欲看本朝事，当看《长编》。"这些评价都反映了此书的社会影响和史学价值。

李焘除《长编》外，还有累计千卷以上的其他撰述。他是中国史学史上著述最丰的史家之一，对宋代史学作出了卓越贡献。

宋陈贾请禁道学

宋淳熙九年（1182），朱熹在朝廷弹劾台州知州唐仲友，告他违反王法。这一下可捅了马蜂窝。原来那唐仲友是宰相王淮的同乡，两人又是儿女亲家。王淮对朱熹此举大为不满。当时吏部尚书郑丙跟唐仲友有很深的交情，同时为了迎合宰相王淮，他在朝廷上借议论道学的幌子，攻击朱熹。郑丙攻击朱熹所倡导的道学实际上是伪学，很多士大夫利用道学，欺世盗名，不值得信任。

淳熙十年（1183）六月，靠王淮发迹的监察御史陈贾，又上奏弹劾朱熹，说近来有一些自命道学的人，大多数是利用这个名声来作伪。那些道学家，他们的学说以诽谤贬低他人为能事，以自命正心诚意克己复礼为内容，实际上是拼命捧高自己，为自己做宣传。然而考察他们的行为，又跟自己所说的相差甚远，甚至是背道而驰。因此，道学实质上是伪学，希望朝廷赶紧下诏，彻底地革除这种习气，对那些徒有虚名的道学家摈斥不用。只有这样，才能使人民言行一致，表里如一，思想纯正，不致于被那些虚伪的学说误导，从而影响统治。

宋孝宗听从了陈贾的意见，对道学进行禁止。朱熹因为得罪了唐仲友、王淮等人，不仅他自己失势，被派去主管台州崇道观，还连累了双程发扬光大的理学，使得理学从此由盛转衰。

宋南方土地利用技术突破

宋代由于人口增加与耕地不足的矛盾日益严重，促使人们充分利用土地资源，除了平原之外，山地、河滩、水面、海涂等都先后被利用起来，出现了梯田、圩田、涂田、架田等土地利用方式，这是中国土地利用技术的一次很大的突破。

梯田分布在丘陵地区，它虽然出现很早，其正式名称却是在南宋范成大《骖鸾录》中才首次出现。唐宋时期，我国已具备梯田较大规模发展的社会经济条件和技术条件，梯田得以长足发展，促进了南方山区的农业生产。据《岭表录异》、《泊宅编》、《海录辞事》、《骖鸾录》的记载，在今四川、广东、江西、浙江、福建等地山区已有许多梯田。王祯《农书·田制门》介绍了修筑梯田的几个技术要点：在山多地少的地方，把山坡地修成阶梯状田块，每层阶梯都横削成平面；如有土有石，要先垒石块修成田唇，再平土成田；有水源能够自流灌溉的，可以种植水稻，没有水源则要种粟、麦。

圩田，又称"围田"，其修筑在五代时已有相当基础，到宋代有了更大发展，圩田数量大大增加，仅太湖地区的苏、湖、常、秀四州，在淳熙十一年（1184）

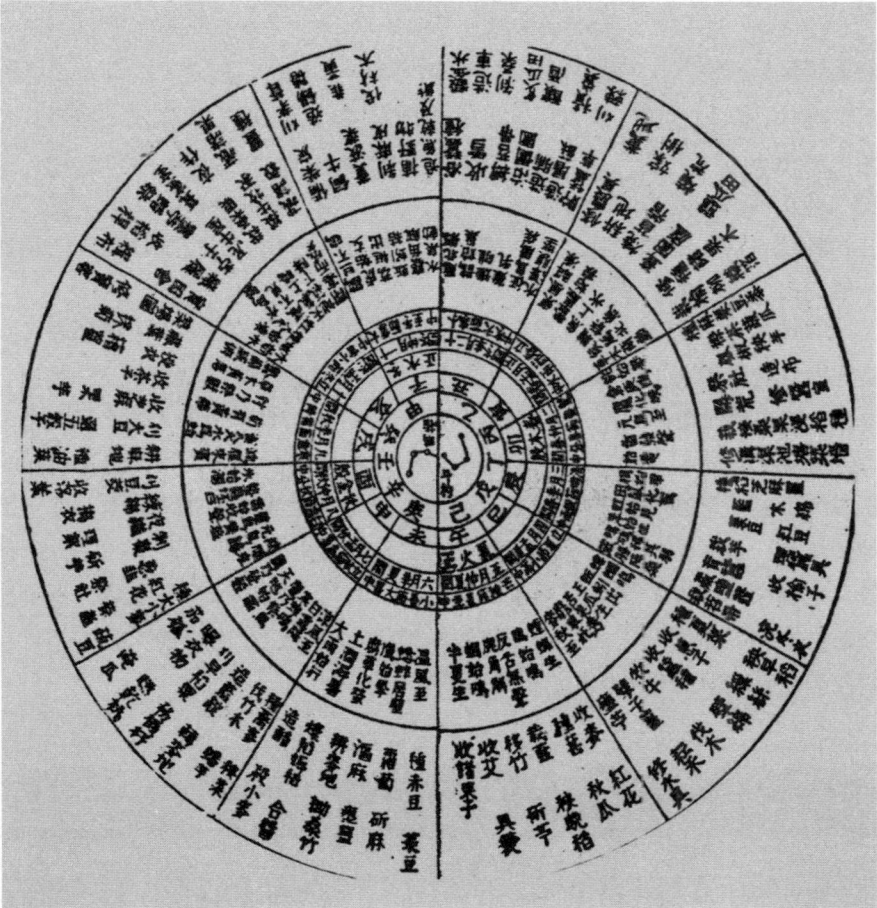

《农书》中的《授时指掌活法图》

就建有圩田达 1489 个之多，而且规模不小。在宋代，通过圩田的经营，一方面从水面争夺了相当大数量的田地，扩大了水稻等作物的种植面积；另一方面，又因此缩小了水面和湖泊容水量，限制甚至破坏了水稻的生产。

涂田指的是海滨地区开造的田地。唐、宋时代，一般都采用筑堤的方法，对海涂加以利用。北宋范仲淹就曾在通、泰、海地区筑海堤，"使海濒沮洳泻卤之地，化为良田"。筑堤的技术要点有二：沿海筑堤挡海水，或者立桩橛抵潮汛；在田的四周开沟排盐，并用来贮存雨水，以备旱时灌溉之用，这种沟被称为"甜水沟"。人们还创造了利用生物治理海涂盐碱土的方法，即开初种植水稗，等到脱盐之后，才种植水稻等农作物，经过这样处理的田比一般的田地收获多很多倍。

我国的水上浮田，按其形成的性质大致可分为两类：一是天然的葑田，由泥沙自然淤积葑（菱草）根部而形成；另一类就是架田。架田，又称筏田、葑田，是在水面架设木筏铺盖葑泥而成的，是一种与水争地的人造水面耕地。《陈旉农书》最早记载了架田的制造方法：在漂水薮泽处，可以制造葑田。将木缚绑在一起成为田丘，浮在水面上，把葑草泥沙铺盖在木架上，在上面种植作物。这种木架田丘，随水高下漂浮，自然不会被淹没（见《陈旉农书·地势之宜篇第二》）。架田适用于南方水乡，其优点很多：容易安装，不受地形条件限制，不需花太多劳动去垦辟、整治土地；没有旱涝的灾害，还可在较短的收获季节里栽种作物。

陈亮朱熹就王霸利义展开辩论

淳熙十一年（1184）到十三年（1186），陈亮和朱熹围绕王霸义利问题展开了一场争论。

首先，在淳熙十一年，朱熹写信给陈亮，劝他不要再宣扬"义利双行，王霸并用"的学说。陈亮复函反驳，认为朱熹完全误解了他的原意。他认为，三代和汉唐都是以王道和义理治理天下。就王霸义利而言，两者只有程度上的差异，而没有本质的区别，不能将这种观点归纳为"义利双行，王霸并用"。决策施政都做到十分圆满适当的，就是实行王道和天理；只做到几分适当而不十分圆满的，就是行霸道，重功利。王霸义利同出一源。

陈傅良将陈亮的观点归结为：成功了就是有德，有好处就是有理。陈亮也认为这是一种误解，他指出，汉高祖唐太宗决策施政基本上都是出于道义而并非私心，这是他们能建功立业成就一番大事的根本原因，而不是相反。

朱熹历来就把王和霸、义和利看成是绝然对立的。他又回信反驳陈亮，认为汉高祖、唐太宗决策施政都是出于自己私心的欲望，假仁假义的面具下掩藏着自私自利的私心，不能因为汉高祖、唐太宗成功了，就断言他们是按天理行事。

经过几度信函往来，陈朱始终不能达成共识。到淳熙十三年时，争论双方在都不放弃自己立场的情况下无果而终。这场辩论长达两年，对当时和以后的思想界都产生了很大影响。

《东都事略》成书

淳熙十二年（1185）八月，新知龙州王偁写成《东都事略》。王偁字季平，宋眉州（今四川眉山）人。历任知龙州、直秘阁。王偁广泛搜集北宋几朝史事，撰写了《东都事略》130 卷。《东都事略》是一部记述北宋历史的纪传体史书，以北宋首都称东都而得名。全书上起宋太祖，下止宋钦宗，有本纪 12 卷，世家 5 卷，列传 105 卷，但没有表、志。世家所载都是皇伯皇子，附录上记载的是辽、金、夏等国的事情。这本书是一本有着较高史料价值的宋朝史书。

朱陆大辩论

淳熙十四年（1187）到十六年，朱熹和陆九渊围绕无极、太极问题展开了一场激烈的争论。

早在淳熙十三至十四年间，朱熹和陆九渊曾就无极、太极问题进行过一次辩论。十四年，陆九渊写信给朱熹，表示要继续深入讨论这一问题。次年二月，朱熹将他写的《太极解义》和《西铭解义》公诸于世。陆九渊也不示弱，四月写成与朱熹论无极、太极第一书。十一月，朱熹回信反驳。十二月，陆九渊又写成论太极第二书。十六年正月，朱熹再次给陆九渊回信，认为再这样下去也没有用，不如停止。于是这场大辩论遂告结束。

在争论中，陆九渊认为无极的说法是对老子的承袭，而不是来源于孔子。关于无极的著述，有些地方文理不通。朱熹则认为，不能因为圣人没有说到无极就否认它的存在。老子所说的无极实际上指无穷，跟周敦颐所说的不相同。极是指理的最高点，不训作中。无极应当作无形的解释，这样就可以阐明太极的形而上性，从而避免跟阴阳混为一谈。陆九渊则指出，阴阳是形而上，再说无极是床上叠床。朱陆关于无极、太极的争论并没有触及双方分歧的核心和根本。但这场大辩论，在当时和以后，都被看作思想界的一件大事，影响很大。

马远独步画院

南宋时期，马远在山水画的章法剪裁、形象概况及笔墨提炼等方面，都有突出的创造。一时在画院中独领风骚。

马远，字遥父，祖籍河中（今山西永济），移居钱塘（今浙江杭州），宋光宗、宁宗时画院待诏。他的曾祖、祖父、父亲、伯父、兄弟、儿子都是画院画家，他们的艺术实践，对马远的绘画产生过很大影响。他继承家学并吸收李唐画法，形成自己的独特风格。

马远绘画以山水见长，亦工于花鸟、人物。马远的山水画多取材于江浙一带山川景物。在取景上一变山重水复的全景式构图，往往突出一角，其余用渲染手法逐步淡化为朦胧的远树水脚、雾雨烟云，并通过指点眺望的画中人把欣赏者的注意力引向虚旷的空间，给人以无限的遐想余地，时人称其为"马一角"。在用笔上，他发展了李唐等人笔墨雄健、沉郁劲强的特色，扩大了斧劈皴法，所画树木杂花，多用水墨夹笔，画山石则用笔直扫，水墨俱下，见棱见角。马远的山水画，优美简洁，富有诗意，把李唐以来的水墨山水发展到了近乎完美无瑕的地步。代表作有《踏歌图》、《水图》、《寒江独钓图》等。

宿雨清畿甸

朝阳丽帝城

丰年人乐业

陇上踏歌行

《踏歌图》，马远画。

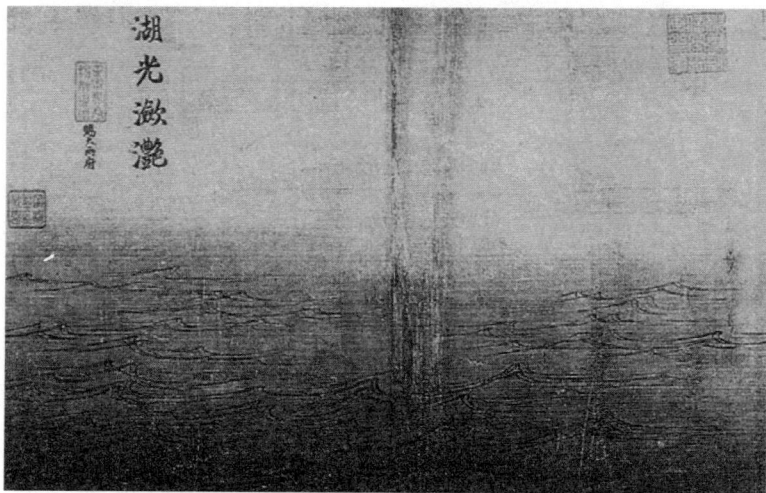

《水图》之"湖光潋滟"

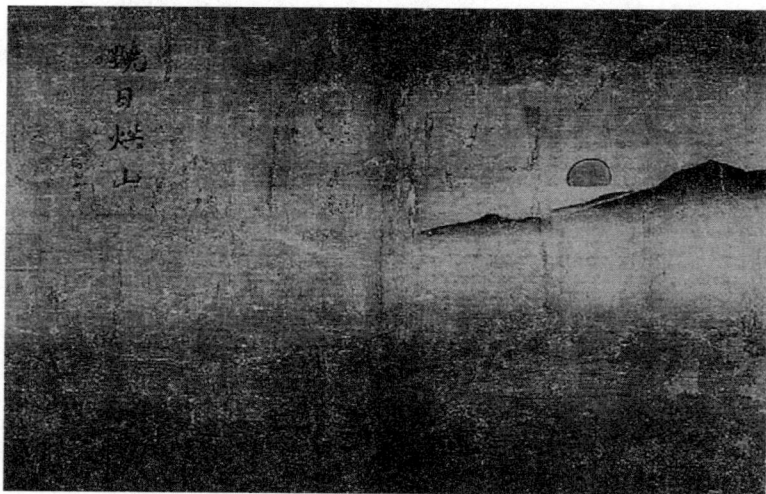

《水图》之"晓日烘山"

《水图》之"黄河逆流"

　　《踏歌图》近处田垅小桥，巨石踞于左角，疏柳翠竹，四位略带醉意的老翁边歌边舞于垅上。远处高峰笔削奇形，树木掩映中城楼隐现，朝霞斜涂。整个气氛欢快、清旷，形象地表达了"丰年人乐业，垅上踏歌行"的诗意。而笔法劲健，构图简洁，不用大斧劈皴，都显示出马远的特色。

　　《水图》成功地表现了水在不同环境中和气候下的种种形态，共有12种，其中"黄河逆河"、"湖光潋滟"尤为精妙。《水图》很少有其他景物，而是以不同的线条，画出各种水波，使每一幅都有一个完整的如诗一般的意境，显示出作者高超的技巧。

　　马远与夏圭并称"马夏"，又为南宋山水画四家之一，在当时被赞誉是"独步画院"。他的画风，对明代院体画和浙派绘画都有直接的影响。

林栗弹劾朱熹

文化大发展时期

淳熙十五年（1188）六月，宋孝宗将江西提刑朱熹提升为兵部郎官。朱熹因为脚上生病没有马上就职。当时兵部侍郎林栗跟他谈论对于《易》、《西铭》的一些看法，两人意见不统一，发生争执。林栗怀恨在心，让吏部督促朱熹就任。朱熹脚病还没有好，请求延期。林栗接着在朝廷上弹劾朱熹，说朱熹本来没有什么学问，只不过拾了张载、程颐等人的牙慧，称作"道学"。所到之处，都要带上几十个门生，沿袭春秋战国时游士的姿态，摹仿孔孟的样子。现在看重他的虚名，召他做京官，但他却在路上拖延，要高价，门生都为他游说。现在皇上推恩升他做郎官，他却还是傲慢不满，不肯来就职。请求将朱熹罢去不用，作为对皇上无礼的人的告诫。

奏章呈上，宋孝宗看了，认为林栗有些言过其辞，况且他又亲眼见到朱熹的脚有些跛。周必大也证实说，朱熹进殿朝见那天，脚病还没好，只能勉强行礼。其他官员也为朱熹辩解。孝宗见如此，命令朱熹依旧回江西担任原

朱熹的《资治通鉴纲目》，首开纲目体史书体例。

来的职务。朱熹看到孝宗反复无常，坚决辞职，也不去江西做官了。七月，侍御史弹劾林栗执拗不通，最喜欢党同伐异，无事找事指责读书人结党谋私。孝宗认为他说得有理，于是将林栗贬出京城，到地方上做知州。林栗害人不成，却不料自己反而成了挨打的靶子。

理学入主教育

理学是宋儒对先秦孔孟之学的新发展，他们从佛老之学中汲取养分，融合于儒学中，形成一种新的哲学体系，理学自北宋末产生，几经波折起伏，在南宋时才正式成为朝廷官学，并进一步成为占主导地位的官方哲学，统治了整个后期封建社会。

理学在后世又被称为"濂、洛、关、闽"之学，这也是宋代理学的四大派别。濂指周敦颐，因其家居濂溪；洛指程颢、程颐兄弟，因他们长期在洛阳讲学；关指张载，因张在关中授徒；闽指朱熹，因朱在福建讲学得名。理学之说，开始于周敦颐，正式成立于二程，朱熹又进一步继承二程。理学在入主教育时几经沉浮的历程，其实也是朝野对理学家的学说和身份的抑扬不定的认同过程。

北宋的王小波李顺起义在人们心目中留下了深刻影响，二程看到了当时阶级矛盾的严重性，想用理学从思想上加强统治，防止农民战争。程颐因此一度被尊为帝王之师。但此后，理学不敌王安石新学，一再失去官学讲席。

南渡以后，东南学者重倡元佑学术，反对王氏经学，程门弟子重新受到推崇，宋高宗也下诏称许程颐之学为孔孟道统的继承者，命天下学者学习，确认了二程学说在教育领域的合法地位。

秦桧入相以后，程学被斥为"专门曲说"，完全被排挤出官学之外，科举考试用程氏之说者，也尽遭黜落。秦桧死后三十余年里，道学之禁放松，程学与王学再度相互竞争，尽管公论不一，但程学又逐步占据了官学和科举的主导地位。

尽管如此，对道学非难之辞仍然很多，道学家标榜自己独承孔孟道统，引起部分士大夫的不满，于是，韩侂胄当政时，理学以"狂妄自大"再次遭禁，朱熹及其信徒被逐出朝廷和官学讲席，或被编入党籍。官学之中，理学几近绝迹。

宁宗时，韩侂胄失势遭戮，史弥远当政，理学再度崛起，理学名家李道传、真德秀出任太学博士，重掌中央官学讲席。

此后，官方多次高度评价程朱之学，称其使孔孟之道复明于世，"千载绝学，始有指归"；追谥周、张、二程为元、明、纯、正；追赠朱熹为信国公，正式将其《四书章句集注》立为官学。将濂、洛、关、阁诸子列于从祀，废黜王安石从祀。从此，理学正式入主南宋官方教育，教育领域中的程王之争以程学胜利告终。

四书成为标准教科书

北宋时期，儒学在理学家的带动下，又开始兴盛起来，在民间掀起了授徒讲学之风。在教材的选定上，理学家们依照自己的理解，特地从关于礼仪制度的典籍《礼记》中抽取出《大学》、《中庸》两篇，并为之作注解以教授生徒。南宋时，理学的集大成者朱熹于1177年完成了《论语集注》和《孟子集注》后，又于1189年完成了《大学》、《中庸》的集注。直到绍熙元年即1190年，他在福建漳州做官时，才首次把这四书连同自己的集注，汇集成一本，刊行于世，称为《四书章句集注》（简称《四书集注》），四书之名从此确定下来。

《大学》相传是孔子弟子曾参的著作，主要内容是提出了三纲领和八条目。三纲领是"明明德"、"新民"、"止至善"，是儒家学者所追求的最根本目标。八条目是"格物"、"致知"、"诚意"、"正心"、"修身"、"齐家"、"治国"和"平天下"，是学者为学的具体方法、逻辑程序、框架。八条目的核心内容是"修身"，它说："自天子以至于庶人，壹是皆以修身为本。"八条目中的前四条是所以修身的方法，后三条则是由"修身"发出来的，以"修身"为基础、前提。《大学》对八条目的逻辑先后关系作了详尽的阐释。提出了所谓"絜矩之道"，要求统治者从自身做起，推己及人。《大学》所教的对象是"欲明明德于天下"的"大人"，故被朱熹解释为"大人之学"。朱熹对《礼记》的《大学》原篇的章句顺序作了部分调整，并把"格物"释为"郎物穷理"，奠定了他的"理学"修养方法的基础，实现了他的理学的

儒家经典《大学》、《中庸》、《论语》、《孟子》，合称"四书"。

特色。

　　《中庸》相传是孔子孙子子思的著作，朱熹说它是为"孔门传授心法"。子思被后世颂为"述圣"。《中庸》认为，人性是"天"赋予的，因此，人伦之"道"以及修道的"教"都是本于"天道"的，而"天道"就是"诚"，它把"诚"视作世界的本体，学者修道就是要体证这个"诚"。它还发挥了孔子"执两用中"的方法论。肯定了"中庸"是道德行为的最高标准。朱熹释"中"为"不偏不倚"，释"庸"为"不变不易"、"平常"。书中还提出了"博学之、审问之、慎思之、明辨之、笃行之"的治学方法。朱熹认为《中庸》承继了尧舜以来道统的真传，对于驳斥当时似是而非的异端——佛、老之学极有功，是故对该书的评价甚高。

　　《论语》是孔子弟子及再传弟子所记的关于孔子的言行的语录体散文。保存了孔子的哲学、伦理、政治特别是道德教育思想及道德实践方法，提出了以"仁"为核心的伦理学说。《孟子》是战国时期孟轲及其弟子万章所著，

它发挥了孔子的"仁"学思想，主张性善论，提出"配义与道"以"养浩然之气"的修养方法，以实现"尽心知性以知天"。政治上主张扩充"不忍人之心"的"仁政"，首次提出"民贵君轻"的民本思想。《论语》、《孟子》自汉始已为学者重视，作为教材使用。

朱熹之所以把四书汇集起来并作集注，是因为他认为读四书较读传统的《诗》、《书》、《礼》、《乐》（汉时亡佚）、《易》、《春秋》六经"用功少而收效多"。他曾经说：《诗经》在孔子时，小孩子都会吟诵，而今天的老生宿儒都很难理解，是不宜于作为现今的重点教材的。他认为做学问就须先穷理，而"穷理必在于读书"，而四书"义理"丰富，又易读，所以读起来效率高。他曾经把《春秋》等经比作"鸡肋"，"食之无肉，弃之可惜"，所以他主张先读四书，"四书治，则群经不攻而治矣"，可见，他把四书的地位抬得很高，甚至可以驾空五经了。对于四书的学习顺序和意义他也有论述，他说："先读《大学》以定其规模，次读《论语》以立其根本，次读《孟子》以观其发越，次读《中庸》以求古人之微妙处。"

朱熹在"避佛老"的过程中吸收佛道的思想，完成了有特色的"理学"体系，为儒学建立了宇宙论、本体论基础，与孔孟的原始儒学是有所不同的，故被后世称为"新儒学"。他的理学的特色在《四书集注》中得以充分体现。总的来说，他继承了孔孟的核心思想，同时又发展了它，使道德实践方法变得更为明晰、精微。他的理学对于儒学的继承与传播是极有功的。对于其后的学术思想及文化传统等具有莫大的影响。当然，这种影响力是借助于统治阶级对理学的推崇。朱子的理学在其生前及逝世后曾遭到短暂的禁止，但其价值很快重新为统治阶级认识。南宋宁宗时，把《论语集注》和《孟子集注》列入学官，元朝时，科举考试试题必须出自《四书集注》，并要求考生答题时以程朱理学的观点阐述。明清两代都以《四书集注》作为从朝廷到地方的官办和私办的一切学校最基本教材以及科举考试的标准答案，四书及朱子的集注，成为标准的教科书，为封建社会晚期广大知识分子所必读。

黄裳编《天文图》

　　宋绍熙元年（1190），南宋著名天文学家黄裳进献天文、地理等八图。黄裳（1147~1195），字文叔，曾担任皇子嘉王赵扩的教师翊善（助理教师）。1195 年赵扩登基，黄裳被任命为礼部尚书。现存苏州文庙的石刻天文图就是当时黄裳进献的八图之一。

　　苏州石刻天文图碑高 2.16 米，宽 1.08 米。上部圆形星图外圈直径 91.5 厘米，下部是名为天文图的碑文。全图共有 1431 颗星。把它与敦煌星图、五代吴越钱元墓石刻星图、北魏及唐代一些墓室星图相比较，可以看出苏州石刻

苏州天文图碑

天文图的发展脉络和它的创新之处。它将中原地区可见星空浓缩于一图，更为简练，尽管采用的是中国传统的盖图法，赤道以外星官形状有较大的变形，但用一图而览全天，十分清晰，它比五代星图的星数多了很多，比唐代墓室星图随意点绘有无可比拟的先进性，它的星位准确，采用极投影绘法，把银河，甚至它的分叉都画了出来，形象美观，也符合实际天象。特别值得指出的是，图中二十八宿数据、恒星坐标均取自元丰年间的测量，图上 266 颗星的位置均方误差仅为 ±1.5°，证明它是一份科学的星图。它实在是中华文明的一个瑰宝，是公元 12 世纪世界上独一无二的科学的石刻星图。

黄裳进献的天文图是世界上现存星数最多，时间最早的古代时刻星图，它反映了截止到宋代的天文学成就和中国传统的天文学体系特征，因而用来作天文教具非常直观。它星数多、星位准，清楚地显示了三垣二十宿的划分，同时将星占的分野以及十二次和十二辰划分边明确标出，所以能用于传统天文学教学。这从一个侧面反映了宋代天文学教育思想和教学方法的进步。

辛弃疾隐居

辛弃疾南归之后的第二个十年间做了几任地方官，尽管他尽职尽忠，在任上兴利除弊，但仍旧不得重用。而且他排击豪强、淘汰贪吏的改革和整顿与南宋王朝的一些特权人物发生了矛盾，终于"不为众人所容"，在淳熙八年（1181）被革职，以 42 岁的盛年退隐闲居。

辛弃疾先后在江西上饶城外的带湖和与上饶相邻的铅山瓢泉二地隐居了18 年。其间曾一度被短期起用，但不久又再度罢官归隐。他自号稼轩，取"人生在勤，当以力田为先"之意，并以庄子的文章和陶渊明的诗自我消遣，过着看似悠闲自得的生活。但他内心深处时时有莫名的寂寞之感，念念不忘"平生塞北江南"，身处一隅却"眼前万里江山"，终究不能忘怀抗金事业。淳熙十五年（1188），爱国志士陈亮远道来访，与辛弃疾同游瓢泉附近的鹅湖寺。二人"长歌相答，极论世事"，共商恢复大计。虽然为期只有十天，但在辛弃疾一生中是一次很有意义的会见。这就是继朱熹、陆九渊之后又一次著名的"鹅湖之会"。分手后，辛、陈彼此唱和，写下数阙［贺新郎］词，表达

南宋《江村图》，有李唐的遗法。

了统一江山的理想和意志。

抗金爱国固然是辛词中的主旋律，但政治上的失意和打击使辛弃疾无奈归隐，只得转而寄情山水、流连诗酒，意在与世相忘。长期的隐居生活，在辛弃疾的笔下也有丰富的反映，这便是他的田园词。抒发远离政治漩涡后在"世外桃源"中自得其乐的闲适之情，在他的田园词中占了很大比重。在［沁园春］（三径初成）中，辛弃疾倾诉了归隐的不得已——"意倦须还，身闲贵早，岂为莼羹鲈脍哉！秋江上，看惊弦雁避，骇浪船回。"在［沁园春］（一水西来）中，他似乎陶醉于山水花鸟之中——"青山意气峥嵘，似为我归来妩媚生。解频教花鸟，前歌后舞；更催云水，暮送朝迎。"他在词中表现了与鸥鹭为盟，与松竹为友的愿望，反映了他对人世间纷争猜忌的厌倦和对现实的回避。这些词看似闲适，实际上蕴含着作者深深的苦闷。他的［丑奴儿］《书博山道中壁》一词，充分地表现了这种"闲"而不"适"的难言之愁："少年不识愁滋味，爱上层楼。爱上层楼，为赋新词强说愁。而今识尽愁滋味，欲说还休。欲说还休，却道天凉好个秋。"辛弃疾除了在这类词中抒写个人的心境，还把笔触伸向了清新香丽的田园风光。［西江月］（明月别枝惊鹊）描写山村夏夜景色——清风明月，蝉鸣蛙鼓，稻香阵阵，一派安宁丰足气氛；［鹧鸪天］（陌上柔桑破嫩芽）着笔于桑芽蚕种、细草黄犊等透出春色的农村景物，写出了明媚而富有生气的乡间春光，并通过"城中桃李愁风雨，春在溪头荠菜花"的对比描写，展示了作者健康的审美情趣。辛弃疾还在［清平乐］《村居》中描绘了江南农家的风情画——"茅檐低小，溪上青青草。醉里吴音相媚好，白发谁家翁媪？大儿锄豆溪东，中儿正织鸡笼。最喜小儿无赖，溪头卧剥莲蓬。"词中写农家老少的勤劳淳朴，形象生动，充满乡土气息。辛弃疾还在词中写乡间的风俗习尚，写自己与村中父老的交往情谊等等，这些都寄寓了作者对农民、农事的关怀及对农村生活的美好理想。

辛弃疾"放浪林泉，从老农学稼"的隐居生活，使他在田园词的艺术追求上取法陶渊明，常用白描手法，格调朴实清淡，其中不乏婉约流丽之作。这些作品在运用词的所谓"本色"、"当行"语言时得心应手而不落俗套；篇幅短窄的令曲小词与格式多变的慢词长调都能从容驾驭，写得或清新活泼或荡气回肠，展示了作者多方面的艺术才华。

陆游作《剑南诗稿》

　　陆游 46 岁入蜀，任夔州（今四川奉节）通判。期满后，应四川宣抚使王炎的邀请到南郑（今汉中）襄理军务，实现了他梦寐以求的亲临前线从军报国的愿望。陆游换上戎装，往来于前线各地，与将士们同甘共苦，与爱国民众密切接触。金戈铁马、意气风发的军旅生活和雄奇险峻的山川形势激发了他的诗情，也丰富了他的诗歌表现题材，正所谓"地胜顿惊诗律壮"。他的诗歌创作在这一时期走向鼎盛的成熟，形成了宏丽悲壮的风格。陆游十分珍视这一段峥嵘岁月，后来将全部诗作题名为《剑南诗稿》。

　　由于南宋小朝廷苟求和，将主战将领王炎调离，陆游也离开汉中到成都。后来他到文友范成大幕中任职。54 岁时，他去蜀东归。在江西任上做官时，因拨义仓赈济灾民，以"擅权"罪名免官还乡。

　　这一时期是陆游创作生活的中期，前后近 20 年，存诗 2400 余首。陆游诗中贯穿始终的主旋律是爱国精神，在他中期的创作中，这一主旋律尤为高亢。由《剑南诗稿》中可见如下主要特色：一是"铁马横戈"、"气吞残虏"的英雄气概交织着壮志难酬的苍凉情调。"飞霜掠面寒压者，一寸丹心唯报国"的高歌表现了诗人慷慨豪放的牺牲精神；"此身合是诗人未？细雨骑驴入剑门"的低吟蕴藏着英雄无用武之地的悲哀；"岂其马上破贼手，哦诗长作寒螀鸣"的长叹倾诉了不甘以书生自限的愤懑，这是陆游的爱国主义理想遭到现实扼杀的真实写照。另一特色是对投降派的揭露和批判。在《关山月》一诗中，诗人对议和的恶果以及投降派"文恬武嬉"的现象作了深刻而集中的揭露："和戎诏下十五年，将军不战空临边。朱门沉沉按歌舞，厩马肥死弓断弦！"陆诗较全面地反映了南宋时期的历史面貌，后人誉之为"诗史"，这可说是《剑南诗稿》的又一特色，既有诗人的强烈主观感情色彩，又有史家的冷静客观实录精神，具深刻的批判现实意义。

　　作为一个杰出的爱国诗人，陆游继承了杜甫诗歌的现实主义传统，但在

南宋《涤堂琴趣图》，笔法精劲，构图简洁，画风似马远一派。

艺术表现手法上又有个人特点。他的诗歌偏重于高度概括和主观抒情，很少对表现对象作具体描述和细致刻划。故在《剑南诗稿》中没有杜甫的《三吏》、《三别》那样的严格的叙事诗，也极少有白居易式的夹叙夹议。陆游往往将巨大的现实内容压缩在短短的篇幅里。如《关山月》，全诗12句就凝练地表现了皇帝下诏主和、朱门酣歌醉舞、壮士报国心切、遗民渴望恢复等各方面的情况，对比强烈，同时寄托了诗人深沉的愤慨。诗人对理想有热烈的追求，在现实中却有志难伸，于是在诗歌中就表现为高度的抒情性，在现实主义的基调上呈现出浪漫主义的色彩。陆游深受李白影响，有些诗的风格情调直追李白，当时有"小太白"的称号。在诗歌语言方面，陆游受白居易影响较大，有"清空一气，明白如话"的特色，晓畅明白又精练自然。

陆游这时期的词同样抒写了激越的爱国情怀，如［汉宫春］（羽箭雕弓）和［夜游宫］（雪晓清笳乱起），都是以与其爱国诗篇相辉映。

宋辽金夏

1193A.D. 宋绍熙四年　金明昌四年　夏乾祐二十四年　西辽天禧十六年

九月，夏国主李仁孝死，子纯祐嗣。

徐梦莘编《朝北盟会编》成。

文学家范成大去世。

1194A.D. 宋绍熙五年　金明昌五年　夏李纯祐天庆元年　西辽天禧十七年

三月，金初定铁禁；又置宏文院译写经书。

七月，宋光宗为太上皇，子扩即位。是为宁宗。

1195A.D. 宋宁宗赵扩庆元元年　金明昌六年　夏天庆二年　西辽天禧十八年

宋右丞相赵汝愚罢，自是韩侂胄弄权，数贬逐朝官。

1196A.D. 宋庆元二年　金承安元年　夏天庆三年　西辽天禧十九年

八月，宋禁道学，称之为伪学。

契丹德寿据信州，建元身圣，寻败死。

1197A.D. 宋庆元三年　金承安二年　夏天庆四年　西辽天禧二十年

十二月，金铸承安宝货。

宋置伪学籍，共五十九人。

1198A.D. 宋庆元四年　金承安三年　夏天庆五年　西辽天禧二十一年

五月，宋严申伪学之禁。

十月，金定官民存留见钱之数，设回易务，拟行钞法。

1199A.D. 宋庆元五年　金承安四年　夏天庆六年　西辽天禧二十二年

宋颁统天历，使用精密岁实数值。

十二月，宋稍弛伪学之禁。

1200A.D. 宋庆元六年　金承安五年　夏天庆七年　西辽天禧二十三年

宋理学家朱熹死。

金医学家刘完素去世。

1192A.D.

三月，日本后白河法皇死。七月，源赖朝为征夷大将军，开府于镰仓，是为镰仓幕府之始。自是幕府操政大权。

英王理查于返国途中在维也纳为奥地利公李奥波尔德俘获，以之献皇帝亨利六世。

1193A.D.

萨拉丁卒，其子以阿克赠圣约翰武士团，因此有"阿克之圣约翰武士团"之名称。

1194A.D.

英王理查被释后，率兵攻法，安茹王室在法国北部之势力又获恢复。

狮心王理查在利谟桑阵亡，其弟约翰继位为英王兼诺曼第公。

宋颁行《统天历》

1199 年，即庆元五年正月，宋朝颁行杨忠辅创制的《统天历》。

宋朝曾在 1075 年颁行了由卫朴创立的《奉天历》；1107 年，姚舜辅制成《纪元历》，首创利用观金星以定太阳的方法。

庆元四年（1198）九月，因所用《会元历》"占候多差"，宁宗下令更造新历。庆元五年（1199）五月，杨忠辅创制新历，赐名为《统天历》。

在《统天历》中，天文学家杨忠辅首先使用 365.2425 日的精密岁实数值，这与现代所测数值只相差 26 秒，而与现行的公历所采用的数据相同，比西欧格里历的颁行早 383 年，并认为回归年长度呈古大今小的变化状态。但因推测日食等不验，《统天历》使用到开禧三年（1207）。开禧三年又造《开禧历》附《统天历》，行用于世 45 年。

朱熹去世

宋庆元六年（1200）三月九日，理学大师朱熹卒于福建建阳考亭家中，终年 70 岁。朱熹（1130~1200），字元晦，号晦庵、紫阳，徽州婺源（今属江西）人，居建阳（今属福灵）。绍兴十八年（1148）进士，在其一生中政治权位并不显达。然而他一生以著述讲学为主，学生众多，又广注典籍，对经史、文学、乐律乃至自然科学都有贡献。主要著作有《四书章句集注》、《伊洛渊源录》、《名臣言行录》、《资治通鉴纲目》、《楚辞集注》、《诗集传》、《周易本义》及后人编纂的《朱子语类》、《朱文公集》等。他建立了完整的体系，世称程朱理学，是中国封建社会后期影响最大的思想家，其学说在明清被官方奉为儒学正宗。但是在朱熹生前，其学说被称为伪学，士人不敢谈儒，葬前，右正言施康年上书要求朝廷予以禁止，得到认可。于是门生故旧不敢前往，

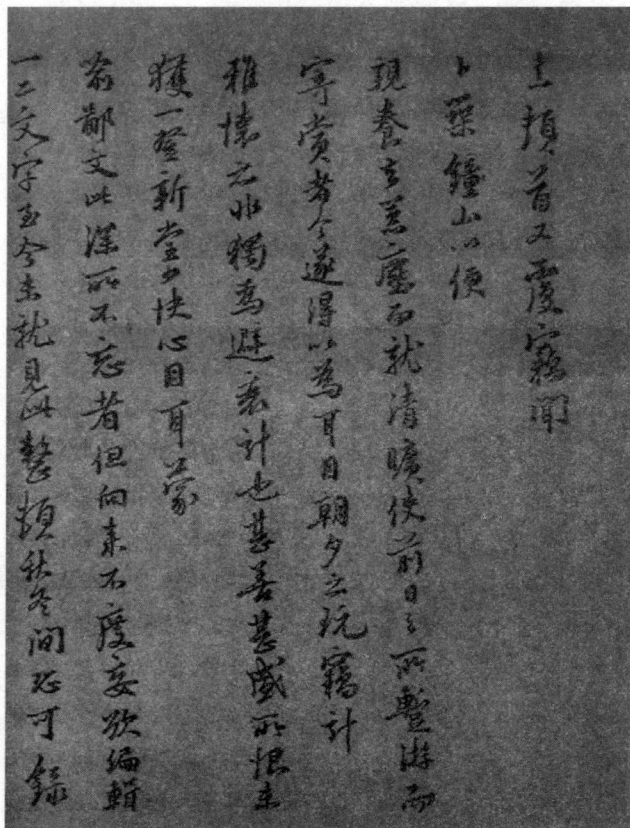

朱熹《卜筑帖》书法作品

参加葬礼的人仅有李燔等数人。朱熹死后，被追谥"文"，其学说和著作得到理宗赵昀的推崇。从此，他的学说成为理学的正统，成为官方哲学，对后世产生了巨大而深远的影响。

夏圭作夏半边

南宋时期，夏圭的山水画构图奇巧，下笔特异，在南宋画坛上称绝一时。

夏圭，字禹玉，钱塘人。南宋宁宗、理宗时画院待诏，善画山水。师法李唐，兼采范宽、米芾等人之所长，中年时期逐渐形成自己的绘画风格。所画山水喜取景物一边，借以表现朦胧渺远的空间，后人称之为"夏半边"。

夏圭时代略晚于马远，虽同属水墨苍劲一派，但所画景物没有马远那种

《山水十二景图》之一《烟堤晚泊》，夏圭画。

文
化
大
发
展
时
期

《梧竹溪堂图》，夏圭画。

带有富贵气息的矜持、高华，更多地拥有自然荒率的野趣。他善用泼墨湿晕，喜用秃笔焦墨点染，皴笔豪劲自然，泼墨酣畅淋漓，人称其手法为"拖泥带水皴"。所画题材多取长江、钱塘江等江南水乡以及西湖烟雨迷蒙的江滨湖岸景色。传世作品有《溪山清远图》、《江山佳胜图》、《山水十二景》、《松崖客话图》等等。

《溪山清远图》为纸本水墨画，画溪山丛树、江岸哨崖、渔舟客艇、竹篱茅舍、楼阁板桥、行人对话，山重水复，烟雾迷蒙，水天一色，令人目不暇接，极尽淡远微茫之雅趣。《江山佳胜图》亦为纸本水墨画，画古松盘曲、远滩渔村'桥梁溪涧、层峦奇峰，美不胜收。《山水十二景》为绢本水墨画，画遥山书雁、烟村归渡、渔笛清幽、烟堤晚泊，景景环套，余味无穷。《松崖客话图》为夏圭晚年作品，多用湿笔泼墨，浓淡隐约，云气浑茫，似乎是山风劲吹之后悬崖孤松和隔溪树影的情景。

夏圭作"夏半边"，以侧透全，以小见大，这种注重意境的画法对后世影响深远。

宋李皇后擅政

李皇后是庆远军节度使李道之女，是相州安阳（今河南）人，乾道四年（1168）生嘉王，淳熙十六年（1189），光宗即位后册封她为皇后。她心狠手辣，妒贤嫉能。光宗本有精神病，李后屡次拨弄是非，使光宗与父猜疑不和。她断宫女之手送与光宗，杀死受宠的黄贵妃，使光宗之病加剧，不能临朝，从而政事多由她决断。李后骄纵益甚，封其先三代为王，家庙太卫多于太庙，亲属门客纷纷依势得官。她推恩亲属二十六人，使臣一百七十二人，甚至门客亦予补官。光宗在内受制于李后，久废朝拜太上皇之礼，一时朝堂内外疑骇非常。加之内侍又离间三宫，宫廷危机加深。绍熙四年（1193）九月重阳节，百官请求光宗朝到重华宫看望父亲孝宗，李后阻拦未能成行。孝宗去世，光宗不出，丧礼几致不能举行。赵汝愚等大臣策谋使光宗退位，立嘉王为宁宗，尊李后为太上皇后，方削弱李后权势。

庆元六年（1200）六月，李氏死，她擅政丑剧终于落幕。

085

宋光宗内禅

宋光宗在淳熙十六年（1189）二月即位，第二年改元绍熙。光宗患病，无法主持朝政，李皇后擅政，拨弄是非，使光宗与其父太上皇（孝宗）长期失和。

绍熙五年（1194）五月，太上皇病笃，六月九日，太上皇卒，光宗始终未去重华宫问疾，也不出执丧，朝中骚动。尚书左选郎官叶适向左丞相留正建议，立皇子嘉王为储君，以释疑谤。留正于是率宰执数请，光宗表示想要退位。知枢密院事赵汝愚主张禅位给嘉王，而留正认为建储诏尚未下达而谈及此事，日后一定难以相处，于是擅自离开相位而逃。赵汝愚被迫通过知阁门事韩侂胄将内禅之意向太皇太后请示，次日，赵汝愚请立嘉王为太子，并且

宋代乳钉狮纹鎏金银盏

说到光宗批有"念欲退闲"，于是太皇太后应允。

七月五日，太皇太后命汝愚以旨谕嘉王赵扩即位，皇子坚决推辞，后来被披黄袍，乃立为皇帝，这就是宁宗，立皇后韩氏，父为韩同卿，是韩侂胄兄。光宗被尊为太上皇帝，李皇后被尊为太上皇后，李氏的权势方被削弱。历史上称这次事件为宋光宗内禅，也称为"绍熙内禅"。

韩侂胄专权

绍熙五年（1194）七月，宋宗室赵汝愚联络外戚韩侂胄等共同策划，拥立光宗之子嘉王赵扩为帝。赵汝愚是程朱道学的支持者，把持朝政后，首荐朱熹入朝，为宁宗赵扩侍讲。韩侂胄因期望得节度使之位而落空便与赵汝愚之间怨恨加深。他援引京镗、谢深甫、刘德秀等人为助，图谋排赵。韩侂胄第一步是逐渐取得了宁宗的信任，然后开始剪除赵汝愚党余，最后将其排挤

宋刻本《忘忧清乐集》书影

出朝堂。韩侂胄于 1194 年闰十月言朱熹迂阔不可用，朱熹罢。十一月，韩侂胄任枢密院都承旨。十二月，彭龟年、陈傅良等相继被罢，而韩侂胄的支持者们纷纷进用。庆元元年（1195）二月，韩侂胄支使右正言李沐劾奏赵汝愚，认为汝愚以宗室同姓居相位，将对国家不利，汝愚出浙江亭待罪，以观文殿大学士出知福州。韩侂胄当权，把支持赵汝愚的官员目为"道学"，纷纷斥黜。韩侂胄禁毁理学家的"语录"一类书籍；科举考试中，稍涉义理之学者，一律不予录取。十二月，又将赵汝愚、朱熹一派及其同情者定为"逆党"，开列"伪学逆党"党籍 59 人，名列党籍者都受到程度不同的处罚，凡与他们有关系的人，也都不许担任官职或参加科举考试。庆元党禁直至嘉泰二年（1202）二月，才开始松弛，党人渐复旧官。

在驱逐异己时，韩侂胄任用了一大批亲己势力。直学士院高文虎写诏文中，有句"窃附元侂之众贤，实类绍圣之奸党"，得韩欢心，迁升文虎于要职。姚愈沉浮于州县，久不得志，因阿附韩侂胄，竟得骤迁。韩侂胄得知秘书监李沐有怨于右丞相赵汝愚，就将其引为右正言，支使其弹劾赵汝愚。韩侂胄把持朝政，排除异己，驱逐廉洁之人，引起朝堂内外强烈不满。吕祖俭被贬后，从弟吕祖泰自誓"以言报国"，庆元六年（1200）九月十一日，上书宁宗，论韩侂胄无君之心，请诛韩侂胄以防祸乱，指责韩侂胄任用童时教师陈自强、平江吏胥苏师旦、韩姓厮役周筲，妄自尊大，卑陵朝廷，请诛胄、师旦、筲，逐罢陈自强等。书出，朝廷内外大骇。将吕祖泰杖一百，发配钦州（今广西钦县东北）牢城收管。由此可见，韩侂胄权势炙手可热，势焰逼人。韩侂胄总揽军政大权长达 13 年之久。

四灵体名噪一时

四灵体是南宋中期一个学习晚唐诗的诗歌流派及其作品的风格体制。当时永嘉（今浙江温州）诗人徐玑（号灵渊）、徐照（号灵晖）、翁卷（字灵舒）、赵师秀（号灵秀）互相唱和，因他们的字或号都带有"灵"字，故称永嘉四灵。他们的诗学晚唐姚合、贾岛之体，标榜野逸清瘦的作风。经叶适等人的揄扬，"四灵体"名噪一时。

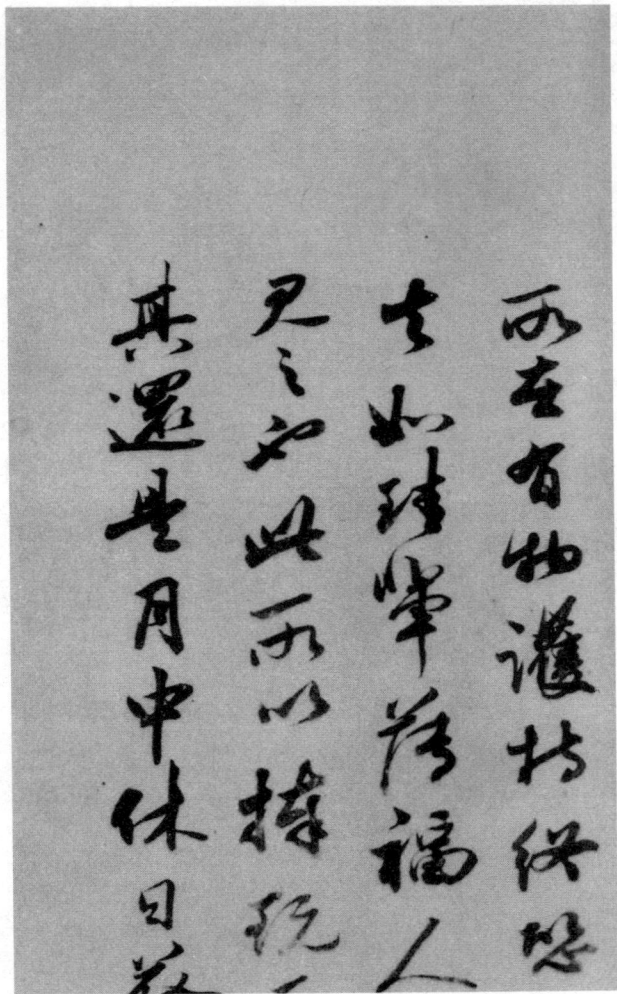

金人蔡珪的《跋苏轼李白仙诗卷》书法作品，受其父蔡松及师苏轼的影响。

文化大发展时期

　　翁卷在"永嘉四灵"中年事最高。刘克庄虽对"四灵体"表示不满，但对翁卷却另有评价，说他"非止擅唐风，尤于选体工。有时千载事，只在一联中"。翁卷的七绝中有几首颇为灵秀，如《野望》："一天秋色冷晴湾，无数峰峦远近间。闲上山来看野火，忽于水底见青山。"《乡村山月》一首更是众人皆知："绿遍山原白满川，子规声里雨如烟。乡村四月闲人少，才了蚕桑又插田。"颇有清新淡远的意趣。

　　赵师秀是"永嘉四灵"中较出色的作家。诗学姚合、贾岛，尊姚、贾为"二妙"。他比较擅长五律，中间两联描写景物，偶有警句，如《相柏观》中的"瀑近春风湿，松多晓日青"之类。然而通体完整者不多。自称"一篇牵止有四十字，更增一字，吾未如之何矣！"可见枯窘之忧。

　　徐玑的诗也流于题材窄、诗境浅，五律可诵者如《黄碧》："黄碧平沙岸，陂塘柳色春。水清知酒好，山瘦识民贫。鸡犬田家静，桑麻岁事新。相逢行路客，半是永嘉人。"

　　徐照的诗也是刻意炼字炼句，题材狭窄。他在《山中寄翁卷》中写道"吟有好怀忘瘦苦"，可见苦吟情状。据叶适说，他是"四灵"中首先反对江西派而提倡晚唐诗的诗人。

　　"四灵体"努力在炼字炼句上见工夫，但由于识见太浅，境界太狭，写景不免过于琐屑，寄情不免偏僻，这实是主要病根。

刘松年称绝画院

　　南宋时期，刘松年毕生从画，其山水画的风格和成就卓越独奇，被赞誉为"院人中的绝品"。

　　刘松年，钱塘（今杭州）人，因居清波门而被人称为"暗门刘"，是宋孝宗、光宗、宁宗三朝的宫廷画家，曾为画院待诏，宁宗（1195~1224）时，因画著名的《耕织图》，得到赐金带的殊荣。

　　刘松年早年师法张敦礼，张是李唐的学生，所以刘松年的画风亦与李唐类似。其水墨山水与李唐一脉相承，但更为精细工致。山石用小斧劈皴，树多用夹叶，楼台建筑工细严整，但毫不刻板，形成自己独特的风貌。他的人物画多取材于历史人物故事、文人贵族生活和佛道，设色明快典雅，线描细秀劲挺，神态气质活灵活现。刘松年的山水、人物代表作主要是《四景山水图》。

从《四景山水图》中可以看到，在李唐作品中残存的北宋遗法和浑厚苍劲、山野自然的韵味，至此已消磨殆尽，逐步演化成一种精致雅驯、笔墨经过精心修饰的新画风，它最适于表现西湖秀丽空蒙之景和湖滨宫苑贵邸的悠闲安逸的士人生活。这种画风上的变化正好反映了当时上层统治者自认为亡国危机已经过去，可以歌舞升平，尽情山水享受的社会现实。

刘松年的绘画是李唐和马远、夏圭间的过渡阶段，他把李唐开创的画风雅驯化、精美化。因此，在中国画史上，人们把他与李唐、马远、夏圭并列，合称南宋山水四大家。

《四景山水图》，刘松年画。

南宋四大画院画家成就卓然

南宋初年建立画院，一百年间画院中人才辈出，最著名的有李唐、刘松年、马远和夏圭，他们代表了南宋山水画的艺术成就，被誉为南宋四大画院画家。

四大家中李唐为开创者，他继承范宽的风格，以"斧劈皴"为笔法画山石，有强烈的实体感，笔墨简洁粗放。马远和夏圭在皴法上也有新的突破，将始于李唐的苍劲之格发展到极致。刘松年主要发展了李唐创始的构图之法，斧劈皴趋于细碎，表现出精致雅驯的风格。四大家都以江南地区的山水为题材，在构图上打破北宋大山大水的全景式而只取某一局部，形象更为鲜明。

他们的作品构思巧密，笔墨简炼含蓄，造型简洁明朗。四大家为中国古代山水画发展的一变，直接影响了明代浙派山水的萌发。

南宋画院四大家的山水画均有所创新，他们以各自的绘画风格和富于创造性的笔法分别辉映于南宋画坛，使南宋院体山水画发展到一个艺术巅峰。

徐梦莘著当代史

宋光宗绍熙五年（1194），即李焘撰成《续资治通鉴长篇》12年后，徐梦莘完成了历史著作《三朝北盟会编》。两年后奉命录进，受到国史实录院高度评价，并由此被授以直秘阁之职。

徐梦莘（1126~1207），字商老，临江（今属江西清江）人，进士及第后任地方官，因不合上官之意而被免官，从此澹泊仕进，发奋著书，撰成《三朝北盟会编》一书。此书共250卷，是记载两宋之际历史的编年体史书。三朝指北宋徽宗、钦宗和南宋高宗三朝；北盟是指书中主要记载宋金和战之事，会编则是因为此书按编年体史书体例纂述，每记一事并列诸说，每取一说照录原文，编集了大量敕、制、诰、诏、国书、书疏、奏议、记序、碑志等，因此命名为"会编"。书名实际上反映了书的范围、主线和体例，也反映了徐梦莘"自成一家之书，以补史官之阙"的意图。此书师法《春秋》，是按一定的体例纂集起来的文献汇编。是关于两宋之际史实记载最翔实的资料书。

徐梦莘对靖康之难终生难忘，故书中详加记述了官方与民间的抗金斗争，如引《中兴遗史》中王彦领导的"八字军"的抗金活动的有关记载，颇为详细。《会编》中反映两宋之际复杂的社会矛盾和民族矛盾的历史文献非常丰富，其他历史著作是难以代替的。它对于研究宋史、金史和宋金关系史有重要的史学价值，其体例在编年体史书中也是独具特色的。因此，在动荡不平的年代里，《会编》所引据的许多书都已亡佚，而它却辗转流传下来，实在是中国史学上的一件幸事。

宋发明尖底船

单龙骨的尖底船在宋代的发明创造，是当时造船技术的最大成就。

由于海防的重要性在宋代逐渐上升，再加上造船技术大大进步，海船有重大发展。宋代的外海战船一般是木帆船，主要船型有沙船和福船两种，而尖底船的船型多属于福船，以产于福建而得名。

根据《宣和奉使高丽图经》记载，宋代远航朝鲜的海船"上平如衡，下侧如刃"，这就是尖底船。其基本结构特点是底部设单龙骨，尖底、尖头、方尾，利于深海破浪。福建产的海舟为上品，尖底福船可称是宋代最佳的深海远航木帆船。1974年在福建泉州湾曾发现一艘宋代海船的残骸，据考证，此船尖底单龙骨，头尖尾方，船身扁阔，并且已经采用了水密隔舱，使船的抗沉性大大增强。这艘船的构造及设计，奠定了近世船舶结构的基础，外国直到18世纪才出现了类似水密隔舱的技术。这是我国古代造船业的杰出创造，领世界风气之先。

"十八般武艺"说形成

　　"十八般武艺"已成为国人耳熟能详的口头语，并已有了比字面远为广泛的涵义。追究起来，"十八般武艺"一语首次出现当是在南宋初年，南宋人华岳编于嘉定元年（1200）的《翠微北征录》中记载："武艺一十有八，而弓为第一。"可见，"十八般武艺"原指使用十八种兵器的本领。

　　元朝以后，"十八般武艺"一词广为流传，广泛用于说书、戏曲、小说之中。但关于"十八般武艺"的具体内容，则说法多样，一直得不到统一，较为经典的当数明人笔记中的提法。明人谢肇淛的《五杂组》和朱国桢的《涌幢小品》中，记"武艺十八事"为"弓、弩、枪、刀、剑、矛、盾、斧、钺、戟、鞭、简、挝、殳、叉、钯、绵绳套索、白打"。其中前十七种是兵器名称，最后一种则是徒手搏击。而《水浒传》里的提法也许更生动易记："矛锤弓弩铳，鞭简剑链挝，斧钺并戈戟，牌棒与枪杈。"后来又有了其他的说法，较常见的一种是"刀枪剑戟，斧钺钩叉，镗棍槊棒，鞭锏锤抓，拐子流星"。

宋辽金夏

1201A.D.宋嘉泰元年　金泰和元年　夏天庆八年　西辽天禧二十四年

三月，宋临安大火，焚五万三千余家。

1204A.D.宋嘉泰四年　金泰和四年　夏天庆十一年　西辽天禧二十七年

三月，宋临安大火。

蒙古铁木真攻乃蛮，杀其酋长太阳汗，又破蔑里乞部。

1205A.D.宋开禧元年　金泰和五年　夏天庆十二年　西辽天禧二十八年

是岁，蒙古铁木真侵夏，大掠。

宋史学家袁枢死，袁枢作通鉴纪事本末，独创一体。

1206A.D.宋开禧二年　金泰和六年　夏李安全应开元年　西辽天禧二十九年　蒙古成吉思汗元年

夏李安全废其主纯佑自立。

五月，宋下诏伐金，诸路多败，唯毕再遇数有功。

七月，金命官专修辽史，明年十二月成。

十月，金大举伐宋。

是岁，蒙古铁木真称成吉思汗，是为元太祖。

文学家杨万里去世。

1207A.D.宋开禧三年　金泰和七年　夏应天二年　西辽天禧三十年　蒙古成吉思汗二年

正月，吴曦称蜀王。

逾月，杨巨源等杀曦，宋复取阶、成等州。蒙古侵夏。

十一月，宋杀韩侂胄。

是岁，名文学家辛弃疾死。

1208A.D.宋嘉定元年　金泰和八年　夏应天三年　西辽天禧三十一年　蒙古成吉思汗三年

三月，宋金和议成，改叔侄为伯侄之国。

1209A.D.宋嘉定二年　金卫绍王永济大安元年　夏应天四年　西辽天禧三十二年　蒙古成吉思汗四年

八月，宋行铁钱于沿江六州。

是岁，蒙古与金绝。

1201A.D.

在蒙斐拉（意大利西北部）公爵邦内非斯与弗兰德斯伯爵鲍尔温之领导下，组成第四次十字军，集中威尼斯，拟自海道进攻埃及。

1206A.D.

印度高尔王朝王穆罕默德帅师镇压哥喀尔人起义，遇刺死。高尔王朝大将古他布丁者，出身奴隶，奄有印度大半；因称其所创立之王朝为奴隶王朝。

临安大火

嘉泰元年（1201）三月二十三日夜，行都（临安府，今浙江杭州）御史台吏杨浩家起火，火势很大，很快就蔓延到御史台、军器监、储物库等官舍，大火整整烧了四天，到二十六日才熄灭。受灾居民达五万三千多家，共十八万多人，其中有五十九人被大火烧死。这是南宋以来都城发生的最大一次火灾。

这场大火震惊了临安府，宋宁宗亲自下令临安府查出失火的原因，并从内府拨出钱十六万、米六万多斛，分发给受灾的人家。但是，政府并没有从根本上解决问题。在这年的冬天及次年七月，临安城又起大火，烧毁了大批民房，这足见南宋政府的腐败无能。

宋禁私史

秦桧当权时，曾严禁私史。这主要是因为民间撰刻的史书对当时政治的黑暗多有揭露，对朝廷统治不利，因此下令禁止私史刊行。秦桧死后，史禁松弛，私史又广泛流行起来。

嘉泰二年（1202），有商人载着十六车私书想渡过淮河，被官兵查获。私书中包括熊克写的《中兴小纪》以及《九朝通略》等。朝廷得知这件事后，通令全国，各地书坊中有涉及国事的，全部销毁。当时仅有礼部员外郎李焘的《续资治通鉴长编》、知龙州王偁的《东都事略》、监都盐仓李丙的《丁未录》以及通家语录、家传等书交给史房考订，得以保留下来。宋禁私史是野史发展中经历的一场劫难。

宋观赏性刺绣发展成熟

宋代刺绣分两类：一类仿绣书画，以供欣赏用；一类实用性刺绣，用于衣服装饰。前者作为观赏性刺绣在宋代已臻成熟，内容由唐时多绣制宗教性装饰绘画转向仿摹名家书画，风格注重写实，以追摹原作的笔墨线条、色彩浓淡和风采气韵为能事。

由于刺绣工艺以绣线丝理表现物象，除画面景象外，更具有绣工肌理的美感。这是绘画原作所缺的方面，所以评论家称它"较画更胜"。例如故宫博物院原藏宋绣素底白鹰轴，羽毛部分采用刻鳞针法，在羽片外缘先垫一根轮廓线，然后根据羽毛生长的自然规律施针加绣，使羽毛呈现高

宋代流行的缂丝，采用通经断纬的手法，自由地普换色彩。图为蚕织图的包首，缂丝织出的鹿、雁图案生动活泼。

下厚薄的真实之感；系鹰的蓝索打结处，则以粗股丝绳盘成结状，用针绒固定；流苏也以粗线排列并钉图，使之显现不同的纹理质感。再如传世宋绣《楼台跨鹤图》，运用多种针法以表现不同的内容：衣服和山石用擞和针，竹叶用齐针，飘带和鹤翅用缠针，云彩和房屋局部轮廓及衣着局部加盘金及钉金，地板用编针，右下角山石用平套针。由于画面空旷，又以借用色地的借色绣来表现景观层次，地都染浅棕色，天空部分加染蓝灰色，就感到天空遥远而广阔。又在彩云边缘勾画白粉，即有浮出画面的感觉。像这样灵活多样的表

097

缂丝：金地玉兰

南宋缂丝：莲塘乳鸭图

现技法，在宋代以前是见不到的。宋代种种刺绣工艺技法的运用，都围绕着增强艺术效果的目的。以刺绣加笔绘这一点来说，此时既不像周代因刺绣技艺尚不纯熟而采用毛笔填绘大面积的颜色；又不同于十八世纪后期因进行大量的商品性生产，为偷工减料而大块大面地以画代绣；而是在若干关键之处稍加点染，顿成传神之妙趣。

宋代画绣技艺之所以能够达到历史上的一个高峰，一方面是因为丝织业较为发达和人们的艺术趣味发生了新的变化；另一方面是因为宋徽宗的爱好和提倡。宋徽宗在崇宁年间（1202~1206）在皇家画院设绣画专科，鼓励对绣画技术的研究和运用，一时间著名画工如思白、墨林、启美等相继涌现，民间绣画也随即蔚然成风，绣画技术自然得到了很大发展。此外欣赏性绣画既然要求融合书画的风采气韵，则对艺术修养的要求自然较为严格，因而这类绣品，往往只有条件优越的名门闺秀成就最高，因此又有"闺阁绣"之称。

宋北伐金国失败

宋开禧二年（1206），韩侂胄发动了对金战争，宋军不宣而战，攻取了金泗州两城、新息县等地。五月七日，宋宁宗正式下诏伐金。

金朝初期采取守势，在宿州、寿州等地击退了宋军的进攻。十月，平章政事督兵伐宋，开始了全面反攻，整个宋金边界都拉开战事。金军分九路进攻，很快将宋军打退，在月底，渡过淮河，围攻楚州。金兵两万人在楚州城下，列屯六十里。宋镇江副都统毕再遇率军连夜袭击金军的后方淮阴，在楚州坚守城池，跟金兵对峙。经过六合之战，金兵后退，毕再遇率军分路出击围困楚州的金军，金军看到形势不利，引军撤退，长达三个月的楚州之围得以解除。

十一、十二月间，金军又大举进攻，首先攻陷枣阳军、光华军、随州，又将襄阳府、德安府团团围住。金军主帅仆散揆也渡过淮河，占领了南丰军等地，进攻合肥。形势对宋极为不利。接着，宋滁州、真州等地也相继失落，金军乘胜进攻，宋军纷纷败退。在紧急关头，西线的宋军主帅吴曦密谋降金，按兵不动，为金军南进创造了有利条件。十二月，金朝封吴曦为蜀王，吴曦在兴州（今陕西略阳）称王，将关外四州拱手献给金朝。吴曦称王四十一天后被部将杀死，但宋军此时已经元气大伤。

韩侂胄被迫向金请和。金朝虽然也无力再战，仍然提出"称臣、割地、献首祸之臣"三个苛刻条件。韩侂胄断然拒绝，积极动员，准备再战。朝中主和派坚决反对，礼部上郎史弥远和杨皇后勾结，发动政变，在十一月三日将韩侂胄杀死。嘉定元年（1208）六月，宋朝将韩侂胄的首级送到金朝，按照金朝的要求，双方又重订和约。开禧北伐彻底失败。

梁楷善画人物

南宋画家梁楷在前人的基础上大胆创新，其减笔人物画堪称南宋画坛一绝。

梁楷，山东东平人，善于画人物、山水、道释、鬼神。南宋嘉泰年间（1201~1204）为画院待诏。他生性狂放不羁，常纵酒高歌，不拘礼法，人称"梁疯子"。宋宁宗赵扩曾赐他金带，他却把金带挂在院内而不受。他这种强烈的个性十分鲜明地表现在他的作品里。

梁楷作画，师法贾师古，但其画风狂逸，又远过其师。他的绘画风格独特，大致可分为细笔和粗笔两种。细笔尽得李公麟画风，粗笔更是夺人眼目，用中锋时，笔法疾促短劲，极为简练，后人称之为"折芦描"，如《六祖斫竹图》，用侧锋蘸水墨横扫而略去轮廓线时，粗狂豪放，后人称之为"减笔描"，如《泼墨仙人》等。

他的画，后人评说"精妙工笔皆草草，谓之减笔"。从传世作品看，《八高僧故事图》、《释迦出山图》、《泼墨仙人图》、《李白行吟图》等，都

《八高僧故事图》部分，梁楷画。

文化大发展时期

《释迦出山图》，梁楷画。

《八高僧故事图》（部分），梁楷画。

是以极其简洁的笔墨、高度集中的概括手法描绘出来的人物风景画。特别是其中的《泼墨仙人图》，用大笔蘸墨，草草数笔构列出仙人衣着，如墨泼纸，水墨酣畅。仙人面目，浓墨涂抹混然成形，神气宛然，仙人蹒跚的醉态极为生动传神。人物形象奇古，用笔似信手而成。《八高僧故事图》画禅宗八位高僧，每人一图，连为长卷。每图用古拙幽默兼有夸张的面貌表情，回曲婉转的衣纹剪裁精练，幽暗诡异的景物，表达禅宗卓异古怪的行径和含蕴的机锋哲理。《李白行吟图》寥寥几笔，意溢神足，使得诗人李白洒脱飘逸的形象跃然纸上。

　　梁楷的绘画开创了南宋人物画笔墨简洁，水墨苍劲的新画风，对后来的牧溪、龚开及元明清的文人画，甚至日本室町时代的绘画都产生过不同程度的影响。

董西厢成

董西厢即董解元《西厢记诸宫调》，又称《弦索西厢》或《西厢挡弹词》，是今存宋金诸宫调最完整的作品，标志了当时民间艺术的最高水平。

董西厢是以唐元稹《莺莺传》传奇小说为基础，吸取李绅的《莺莺歌》、宋赵令时［高调蝶恋花］鼓子词等作品的营养写成的。作者把一篇 3000 字的传奇改写为 5 万多字的说唱文学作品，使它在主题思想、人物形象、艺术结构、语言特点等方面呈现出崭新的面貌。董西厢改变了故事的结局，第一次赋予了崔莺莺与张生的爱情故事以反封建的主题，与此同时，还成功地塑造了两组对立的人物，通过刻画描写寄予作者的倾向，深化作品的主题。张生不再是对女性"始乱终弃"的薄幸儿，莺莺仍然美丽温柔，但敢于为爱情抗争。红娘、法聪和白马将军是崔、张的同情者和支持者。这几个人物的出现，突出了崔、张斗争的正义性，又使胜利结局显得有说服力。特别难能可贵的是，作者把红娘和法聪两个下层人物写得古道热肠、勇敢机智和见义勇为，表现了作者的进步倾向，并为此后戏曲小说里这类人物的塑造提供了先例。

董西厢的艺术成就也十分卓越。首先，它结构宏伟、情节曲折变化。全剧共用了 14 种宫调的 193 套曲，对结构和情节作了精心的安排。它擅长叙述，对景物点染、气氛酝酿和人物事件的进展，都能挥洒自如地运用曲词说白加以表现。人物的内心刻画十分细腻。它曲词朴素而流畅，提炼了民间生动活泼的口语，又吸取了古典诗词的句法和词汇，形成一种朴实浑成的风格。

董西厢是王实甫《西厢记》以前写崔莺莺和张生爱情故事的最完美的作品，前者直接影响了后者的产生，而董西厢和王实甫的《西厢记》，更是中国古典文学中表现同一题材的双璧。

四川改革钱币

　　南宋以来，四川承担着庞大的川陕军费开支。张浚做四川宣抚使时，为了支付军费，弥补财政收入的不足，首先破例增印钱引。这样，钱引大量印发，造成钱引不断贬值。到了嘉定元年（1208），钱引每贯值铁钱不足四百。

　　嘉定元年，总领四川财赋陈咸跟属下官员商议，打算动用府库中储藏的金银、度牒为底本，从民间收回半界钱引。折换办法是：金每两值六十贯，银每两值六贯二百，度牒每道值一千二百贯。府库中藏的金银、度牒总共值一千三百万贯。讨论几个月后，决定实行。十一月初二日，张榜行到各州县，让民间用钱引交税，或者到利州去换金银。并且限定到年底为止。由于四川各州距利州比较远，而且期限又很迫切，再加上折换的时候，办事的官吏藏奸使巧，所以，榜张贴出去以后，民间很震惊，都急着出售钱引，每贯只值铁钱一百了。鉴于这种情况，制置使吴猎亟出榜告谕老百姓，除收兑一千三百万钱引以外，其余三界依旧使用通行钱引。还在成都增设了一个兑换点，民心才安定下来。

　　总领四川财赋陈咸一边将旧有的钱引收兑，废除不用，一边又铸造新的钱币。利州（今四川广元）铸造出"当五大钱"，正面刻有"圣宋重宝"的字样，反面又铸出"利一"两个字，料例跟当三钱一样。当五大钱的使用，目的在于使铁钱数额增大而价值变轻，促使钱引升值。

中国式佛教建筑艺术成熟

文化大发展时期

　　自公元六世纪至十三世纪，约相当于中国的隋、唐至宋、辽、金时期，佛教在中国经过六百余年的传布，同时又与传统的儒家思想融合，已经发展成为中国式的宗教。出现许多具有高深佛学修养的中国僧人，并创立许多佛教宗派。这时的佛教建筑也完全形成了中国式的宗教建筑。

　　这种中国式的特点体现在佛寺建筑方面，是采用中国建筑的木构架和以若干单体建筑组成庭院群体的传统手法，以宫殿式的佛殿和法堂作为全寺的中心，整体布局形成纵轴式。这种布局将各主要殿堂布置在一条纵轴线上，每个殿堂前左右各置一座配殿，形成三合或四合院落。这种排列有秩序的院落群可引导信徒有秩序地、有层次地观赏全部寺院，以达到信仰的高潮。轴线上各进院落可以借助主体建筑造型不同、院落空间大小不同以及附属建筑的不同以取得建筑艺术上的变化。较大的寺院可以并列有两条或三条纵轴，在侧轴部位可以建造塔院或花园，或者是利于方丈修行的静室和禅房等。河北正定隆兴寺是宋代布局，是纵轴式布局的优秀实例。而北京碧云寺是沿山区地形布置的纵轴式寺庙的佳作。

　　佛塔建筑的中国式特点也非常明显。宋代是我国建造佛塔的盛期，其建筑已由木结构向砖石结构转变，平面形式和外观更加丰富多彩，以楼阁式为主的几种主要佛塔类型都已出现。其中包括塔身砖砌、外檐采用木结构的塔种，如苏州报恩寺塔和杭州六和塔等；仿楼阁式木塔形制而全部砖造的塔种，如泉州开元寺双塔；以及砖石制造但在构造和外观上作适当简化的塔种，如河北定州开元寺塔和河南开封佑国寺塔等。泉州开元寺双塔可算作中国式佛塔的代表。两塔平面皆为八角形，高5层，塔下施须弥座，石刻莲瓣、力士、佛教故事等作为装饰。塔身仿照木结构，转角处隐出圆形倚柱，柱间石制阑额，

云南西双版纳曼飞龙白塔，建于 1204 年，是傣族佛教建筑。

石制斗拱为五铺作双抄偷心造，塔心作巨型石柱，楼梯设在塔壁和石柱间，塔身以重条石砌成。两座塔结构紧凑，造型优美，充分体现了建造者的高超技术。

在佛教建筑的其他组成方面，中国式特点也很突出。如因佛殿以木结构体系为主，所以在泥墙上绘制壁画的风气极为流行，特别是受净土宗的教义影响，描绘西方净土世界的华美的净土变巨型壁画成为这一时期佛教壁画的重要题材；由于统治者的提倡，出现许多大型佛像，带动了多层楼阁建筑的建造活动，形成了别具一格的中国式高层建筑；南方禅宗寺院中为讲习义理增设了法堂或讲堂建筑；而密宗为诵祷陀罗尼经以祈福，在寺院中设置了固定的石质经幢。这些都是中国佛教建筑由于内容的新发展而带动了建筑艺术的新变化，它与民族传统艺术紧密融合，最终使中国式佛教建筑走向了自己的成就形态。

李心传编当代史要录

宋宁宗嘉庆元年（1208），李心传继徐梦莘录进《三朝北盟会编》后，奉旨进献《建炎以来系年要录》。

李心传（1166~1243），字微之，隆州井研（今四川井研）人。他早年科举失意后，便不再应举，转而发奋著述，以著作闻于当世。因受众多名流推荐，66岁时他应召入京，担任史馆校勘，赐进士出身，并奉命修撰《中兴四朝帝纪》、《十三朝会要》等书。

《建炎以来系年要录》是李心传盛年时期的著作。全书共200卷，编年记事，起于建炎元年（1127），止于绍兴三十二年（1162），记载高宗时期36年史事。《要录》叙事凝练，采撷精审。而对于重要史事，则十分注重写出细节。如对绍兴十一年（1141）"岳飞赐死大理寺"之事，则详细论述，写出了"天下冤之"之所由来，文字不多，但分量极重。《要录》旁征博引，所参考的书达200种之多，对所论史实多有自注，反映出作者在采撷和体例上的严谨。清代有人认为此书"在宋人诸野史中，最是以资考证"，是一部"宏博而有典要"的著作。

宋代慧能坐像

从中国历史编纂学的发展来看,《建炎以来系年要录》继承和发展了《左传》的传统,是按专题编纂起来的文献资料汇编,并依严格的编年体进行编次,达到了很高的成就。从撰述思想的发展来看,中国历家往往是受到现实的启示、激奋而使之然。两宋之际的历史事件启示着史学家,激发了他们的撰述热情。《要录》和《三朝北盟会编》、《续资治通鉴长编》一道反映了这一撰述思想上的传统。

宋名僧道济圆寂

嘉定二年(1209)五月,宋代名僧道济在临安(今浙江杭州)圆寂。临终写下一偈:"六十年来狼藉,东壁打到西壁,如今收拾归去,依旧水连天碧。"

道济和尚原名李心远,字湖隐,又名方圆叟,天台临海(今属浙江)人。道济18岁的时候跟随灵隐寺的主持海瞎堂禅师出家,后来移住在净慈寺。传说中的道济很有神通,会法术,他蔑视佛门的清规戒律,自称是"酒肉穿肠过,佛祖心头坐",喝酒吃肉,举止言行都有些颠狂,因此人称济颠。道济和尚的游踪几乎遍及天下,他所到之处,留下题墨,很有文采。他平生扶危济困,

南宋罗汉坐像

无故从不进入富贵人家,这都有口皆碑。释道济死后葬在杭州的虎跑塔中。后人把许多神奇怪诞的传说附会在他的身上,他成了济公的原型。

陆游隐居

陆游 54 岁从江西罢官回乡后，到 62 岁才被起用为严州（今浙江建德）知州。但因他一贯坚持抗金，形于歌咏，深为当权者嫉，不久又以"嘲咏风月"的罪名再度被罢黜。此后 20 年间，陆游大部分时间隐居故乡山阴，过着宁静而简朴的生活。但是诗人仍然"寤寐不忘中原"，犹赋诗作词不辍。嘉定二年（1209），陆游 85 岁高龄时带着"死前恨不见中原"的遗憾与世长辞。

陆游的爱国主义激情至老不衰。他隐居家乡时，仍时时忆起早年的壮志与经历。61 岁时他作《书愤》："早岁哪知世事艰，中原北望气如山。楼船夜雪瓜州渡，铁马秋风大散关……" 68 岁老病卧床时，他犹自咏"僵卧孤村不自哀，尚思为国戍轮台。夜阑卧听风吹雨，铁马冰河入梦来。"（《十一月四日风雨大作》）岁月流逝，诗人豪情依旧，但忧愤更深。他同时期的词作〔诉衷情〕"当年万里觅封侯"，亦是回顾当年慷慨从戎的英雄气概，感叹"此生谁料，心在天山，身在沧州"，对壮志未酬被迫退隐深感痛心。

陆游隐居乡间时，"身杂老农间"，亲自参与一些农业劳动，了解到乡间的疾苦，对农民有了深厚的同情。这期间他写了许多反映农村生活、田园风光的诗，自云"年来诗料别，满眼是桑麻"（《倚杖》）。这些诗一方面歌唱生活中的美好事物，流露出亲切淳厚的真挚感情，诗风清旷淡远；一方面则控诉了剥削阶级对农民的榨取以及贫富不均、苦乐迥异的不合理现实，创作风格沉实质朴。

陆游晚年所作的诗歌中还有一些别具风采之作。他 62 岁时赴京受命，写了有名的七律《临安春雨初霁》，其中"小楼一夜听春雨，深巷明朝卖杏花"，细腻贴切地描写了江南城市的春景，成为脍炙人口的名句。他 75 岁时游沈园，忆起早年与前妻唐婉的不幸婚姻，尽管已是"梦断香消四十年"，但他仍然悲从中来，遂作《沈园》二首，抒发胸中积郁。其中"伤心桥下春波绿，曾

陆游石刻像

江苏镇江焦山陆游题刻碑亭

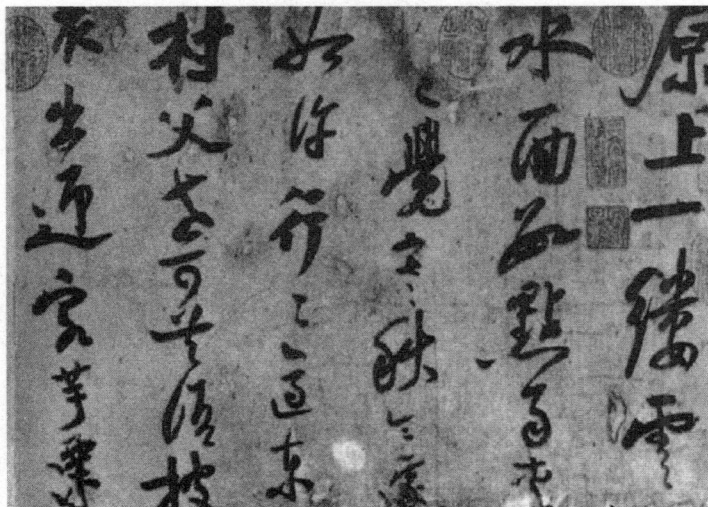

陆游自书诗帖卷

是惊鸿照影来"，诗情画意浑然一体，有无限深沉的感伤之美。

嘉定三年（1210）十二月二十九日，宋代著名诗人陆游过世，临终前赋诗一首，诗云："死去原知万事空，但悲不见九州同；王师北定中原日，家祭毋忘告乃翁！"

在南宋文坛上，陆游的诗与辛弃疾的词一样，是标志时代最高成就的旗帜。梁启超这样高度评价陆游："诗界千年靡靡风，兵魂销尽国魂空。集中十九从军乐，亘古男儿一放翁！"（《读陆放翁诗集》）陆游以其诗歌卓越的思想艺术成就，将我国文学史上的爱国主义传统发扬光大，在同时代和后代诗人中都有突出的地位和深远的影响。

文化大发展时期

宋宫观道像兴盛一时

两宋是道教的重要发展时期，以三清四御为中心的道教神仙体系在此时已形成，佛教信仰之外的民间诸神，相继都被道教神仙范围，满足了社会各阶层的信仰选择，无论哪个阶层的成员都能从中选择适合自己需要的崇拜对象。描绘天下名山、洞天福地的宫观道像呈一时之盛，比佛像具有更明显的现实感和社会属性。

道教奉老子为教主，石窟宫观多造太上老君像。福建泉州北清源有由一块天然花岗石雕琢而成的老君像，神情慈和睿智，传达出作为道教教主洞达深远的神异特点，是现存宋代大型老君石

南宋福建泉州北清源山的太上老君坐像

山西晋祠的宋塑侍女

造像的杰作。中晚唐以后三教合流在两宋继续发展和延续，四川大足妙高山的三教窟就是体现，老子居左，释迦位中，孔子在右，道、释、儒同造一壁，其中老子像雕刻精细。

北宋自真宗驾诸玉清昭应宫，上玉皇大帝圣号以来，玉皇即成为赵宋的祖神予以供祀，在道教中地位高于教主，为诸神之独尊，天下道教宫观石窟皆设玉皇大帝像，此后相沿成习以为制度。较有名的是神宗熙宁九年（1076）的山西晋城玉皇庙，和开造于南宋绍兴十三年（1143）的四川大足舒成岩玉皇大帝龛，玉帝两侧各有侍女，执长柄日、月宝扇，人物形象、装束修饰、仪容与人间帝王相类，代表了两宋以后道教主神像的基本样式。

除道教教主老子和教中最高统治者玉皇大帝像外，宫观道像的人物形象还包括道教三清、尊长和圣母以及他们的部属和随从。

开造于南宋绍兴二十二年（1152）的大足舒成岩石窟现存道教造像王龛，包括东岳大帝、紫微大帝和三清龛。其中东岳大帝与紫微大帝基本样式相似，位居正壁，面容胖硕，头戴无旒平顶冠，颌下三绺须，身穿袍服，双手当胸捧圭，左右两侧为护法神将或男女侍从。后壁与两侧壁转角处各有手捧供物的三供养人像，造像仪则已成这一时期基本定制。三清龛中为元始天尊，左右分别是灵宝、道德两天尊，造像风格洗练，与此相类似的三清像流传在南宋很广，如现存较完整的四川大足南山三清古洞。

山西太原晋祠原是周武王次子唐叔虞的祠堂，北宋时改作道教神祠。天圣年间（1023~1032）特建圣母殿，崇宁元年（1102）重修。圣母殿主像圣母端坐木雕神龛内，龛外两侧分列宦人、女官和侍女 42 身，人物塑造年龄、体态及神情互不雷同，在共同的情势和气氛中生动再现不同人物的性格特征，乃宋代宫廷生活的真实写照，这种铺像组合方式及其图样在当时民间流传甚广。

两宋宫观道像兴盛是宋代人们社会生活和精神向往的表露。

鹤山书院落成

嘉定三年（1210）春天，魏了翁在邛州（今四川邛崃）城西的白鹤山下创建的鹤山书院落成。因为书院在白鹤山下，而魏了翁的号又叫鹤山，这个书院就被命名为"鹤山书院"。

魏了翁是南宋著名的理学家。开禧二年（1206）八月，魏了翁到嘉定做了知府。第二年，韩侂胄被杀，发动政变的史弥远逐渐掌握大权，多次召他去都城，都被他拒绝。丁父忧辞去官职后，隐居在白鹤山下创办书院，授徒讲学。书院落成后，恰好碰上朝廷取士，丁父忧的弟子在考试中十之八九被选中，一时传为美谈。书院因此名声鹊起，各地学子纷纷慕名而来，络绎不绝。魏了翁将原有的书院进行扩建，并且搜访各地的传录图书，一共多达十万卷，他还在鹤山书院中建造了尊经阁用来藏书。鹤山书院成为南宋最著名的书院。

胡寅辟佛

嘉定三年（1210），郑肇刊行了胡寅的《胡致堂崇正辩》三卷。这本书是胡寅写的辟佛专著，里面引用了从晋一直到唐宋时期高僧佛徒的许多言论学说，先树立靶子，然后用儒家的正统观点，逐条加以驳斥。

《胡致堂崇正辩》广藏机锋，长于雄辩，是一本逻辑非常严密、论证极其有力的著作。针对佛家的生死轮回学说，书中指出，圣人把生死当作分内的事情，没有什么可害怕的，儒者应该平静面对生死。书中认为，佛教的"心无"说不符合"圣人之教"，古代的大圣人从来不讲无心，心不能没有，没有心人就无法存在。当时的人评论胡寅辟佛，认为他持论最公正。

大足宝顶山的转轮圣王左侍者塑像

民间玩具雕塑兴盛

　　宋辽金时期，雕塑的题材内容不再囿于宗教的题材戒律，更侧重于现世，人间性大为加强，突出的表现之一便是民间的玩具雕塑兴盛起来，各种民间工艺雕塑小品，较之前代，显得更加活跃。

　　宋时的风俗，把一种别名"化生"的小娃娃造型的"摩睺罗"视为吉祥之物，每逢七夕，把它送给新婚之家，以作生子之瑞。据宋孟元老《东京梦华录》

宋代流行抟土做小儿，时称"磨喝乐"。图为瓷制磨喝乐。

119

文
化
大
发
展
时
期

瓷质白公鸡

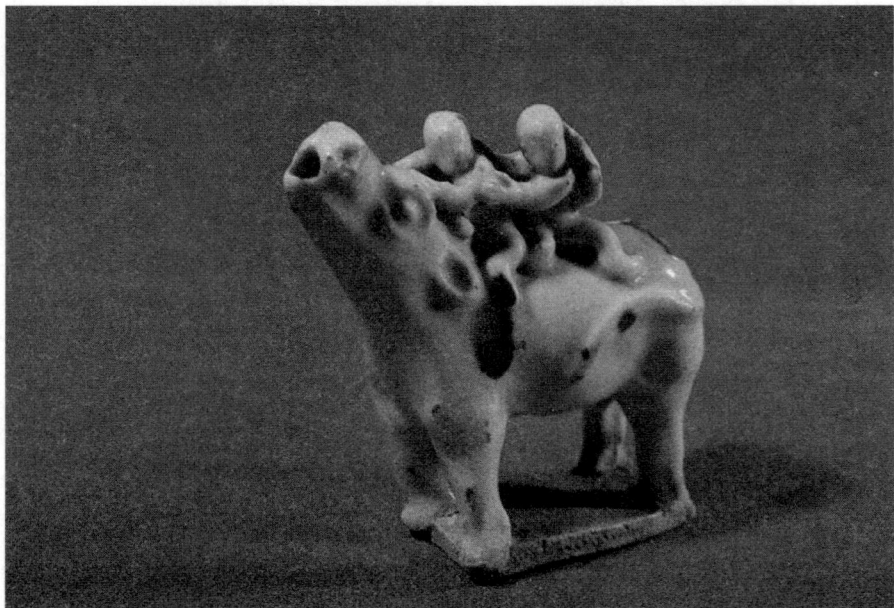

青瓷童子骑牛

白釉褐彩瓷狗、瓷马。

铁质生肖挂马，宋
代儿童悬挂之物。

相扑陶塑

白釉褐花虎哨，宋代儿童的发音玩具。

彩绘陶球

卷5记载：北宋汴京每逢七夕，街头"皆卖磨喝乐，乃小塑土偶耳。悉以雕木彩装栏座，或用红纱碧笼，或饰以金珠牙翠，有一对值数千者"。"磨喝乐"即"摩睺罗"的音译，有可能是佛教天龙八部中的摩睺迦的变相。这种风俗在北宋时风靡中原，统治集团南渡后又流传到江南地区。摩睺罗俗称"金娃娃"，或裸体，或手执荷叶，或着荷叶半臂，形态天真活泼，如浙江衢州王家瓜园史绳祖墓出土的匍匐状金娃娃，笑容无邪，憨态可掬，是南宋典型的摩睺罗遗品。

民间工艺雕塑的兴盛，造就了一大批技术高超的民间艺术家，如以搏埴泥孩儿而闻名当世的田玘（今陕西郿县人）和袁遇昌（今江苏苏州人）。田玘作品"态度无穷，虽京师工效之，莫能及"，且以制作精美而身价百倍，造型小巧玲珑，"小者二三寸，大者尺余，无绝大者"。袁遇昌的作品"唇齿眉发与衣襦襞褶，势似活动；至于脑囟，按之胁胁作声"，设有机巧而更

白釉娃娃骑鼓

为名贵。当时苏州地区捏塑艺人为数不少，近年在镇江骆驼岭宋代遗址出土了较多颇有观赏价值的捏塑泥人小品。

宋金时代随着陶瓷工艺的发展，和玩具雕塑相结合，南北各地名窑均有兼烧制陶瓷小品，多年来在各地古窑址、古墓葬中时有出土，造型样式很能迎合儿童心理，小人小狗无一不有，种类多样而釉彩亦富变化，意匠出人意表，简朴可爱别有情趣。不同地方的玩具风格不一，各有特色，体现出不同的审美爱好。

两宋蹴鞠活动形式成熟

宋代的蹴鞠活动在军中和民间开展得比较普遍，其活动方式大致可以分为两种：一是设球门的竞赛；二是不设球门的竞赛。

设球门的竞赛，其球门柱高三丈二尺，球门径 2 尺 8 寸，阔 9 尺 5 寸，网中有"风流眼"球门立在场地中央，比赛双方各 10 余人，宋徽宗时称为"左右军"，其中 1 人为"球头"，2 人当"次球头"，比赛时，左边的球队先开球，"先以球团转，众小筑（不迈开步子的小踢）数遭"，然后赐给次球头，小筑数下，待其端正，次球头再"供与球头"，球头打大臁（迈开大步踢）过球门。如一方不能踢过球门即为输，右军踢过球门，左军还踢过球门的为赢，不能还过球门的为输，这是北宋的有关情况。

南宋时期，参加这种比赛的人数有了变化，一是左右军各 7 人的；二是左右军各有 16 人的。

北宋时期，接球和传球都改"挟"为"踢"，略增加了它的竞技性和娱乐性，但到了南宋，某些环节又由"踢"改为"挟"，出现了倒退。

不设球门的比赛，据《事林广记》和《戏球场科范》记载，这种比赛可分为两类：即不分班和分班两种。

不分班的赛法在人数上可分为一人场至十人场等 10 种方法，可称"一般场户"。其术式构思巧妙，内容丰富多彩，显示了这一时期人们对蹴鞠活动娱乐价值的重视。

分班的竞赛称"白打场户"，是用丝围子隔开两班的比赛，其场法因当

宋代的蹴鞠图铜镜

文化大发展时期

宋代蹴鞠图陶枕

时的专用语，较难通，其大意是左右两班各人入丝围子内。"右班踢在左班围内，左班踢脱输一筹。杂踢得活亦输一筹，若右班踢出围子，然后复入围内开始，左班则赢两筹，若左班在丝围内踢住对方球，可赢两筹，若右班将球踢回左班，左班踢脱，则输三筹。

两宋时期的蹴鞠活动形式与以前的蹴鞠已经有了不同，可以说是一个由直接对抗到间接对抗的转化时期。

南宋画院高手画人物

南宋画院中善画人物的大师有李唐、刘松年、梁楷、马远、马麟等，他们在人物画创作方面取得了开创性的成就。

李唐开南宋人物画的新风。他的《采薇图》卷画伯夷、叔齐耻食周粟的故事，以悄怆幽邃的环境气氛成功地衬托出二人孤愤的心情和坚贞的志节，使画中景物成为表现主题的必要部分，为以后的人物画发展开拓了新境。刘松年发展了李唐的特点，以环境增强画意，现存作品有《罗汉图》三幅和《醉僧图》，以秀雅苍润的树石衬托人物心境，构思巧妙，情景交融。

宋宁宗前期至中期起，画院中兴起简练飘逸的画风，工细的人物画开始转衰，梁楷、马远、马麟是这一时期的名家。梁楷的传世名作有《八高僧故事图》、《释迦出山图》、《六祖破经图》等，梁楷作画笔简意全，他的这些画以幽暗诡异的景物、回曲婉转的衣纹表达禅僧的行径和机锋哲理，收到了一般宗教画难以达到的艺术效果。马远父子在人物画上也取得较高的成就。马远的代表作是《吕仙像》和《孔子像》，他以凝重含蓄的秃笔画人物面貌，用画树枝的笔法画衣纹，其朴雅的风格区别于以前流行的秀美之作。马麟曾画伏羲、尧、禹、汤、周武五像，都是高二百五十厘米以上的巨轴，着笔无多，典雅温肃，适宜于庙堂悬挂。马远父子和梁楷均趋向简练，他们的作品共同构成南宋后期人物画的新风格。画风的扭转使南宋院体人物画硕果累累，故事画、宗教画、肖像画三类人物画都有传世佳作产生，把南宋院体人物画的创作推向更高的艺术水准。

129

文化大发展时期

《孔子像》，马远画。

龙泉窑代表越窑青瓷

　　龙泉窑位于浙江省西南部，在北宋中期越窑渐趋没落的情况下，它继承越窑的传统，主烧青瓷，在南宋时达到它的鼎盛阶段，并成为越窑青瓷的代表。

　　在彩绘瓷出现以前，宋代即以青瓷为主。宋代青瓷，南北竞烧，官民齐上，争奇斗艳，各有千秋。龙泉窑能够于此中脱颖而出，主要归功于它在继承上

龙泉窑鱼耳炉

131

龙泉窑戎芦瓶

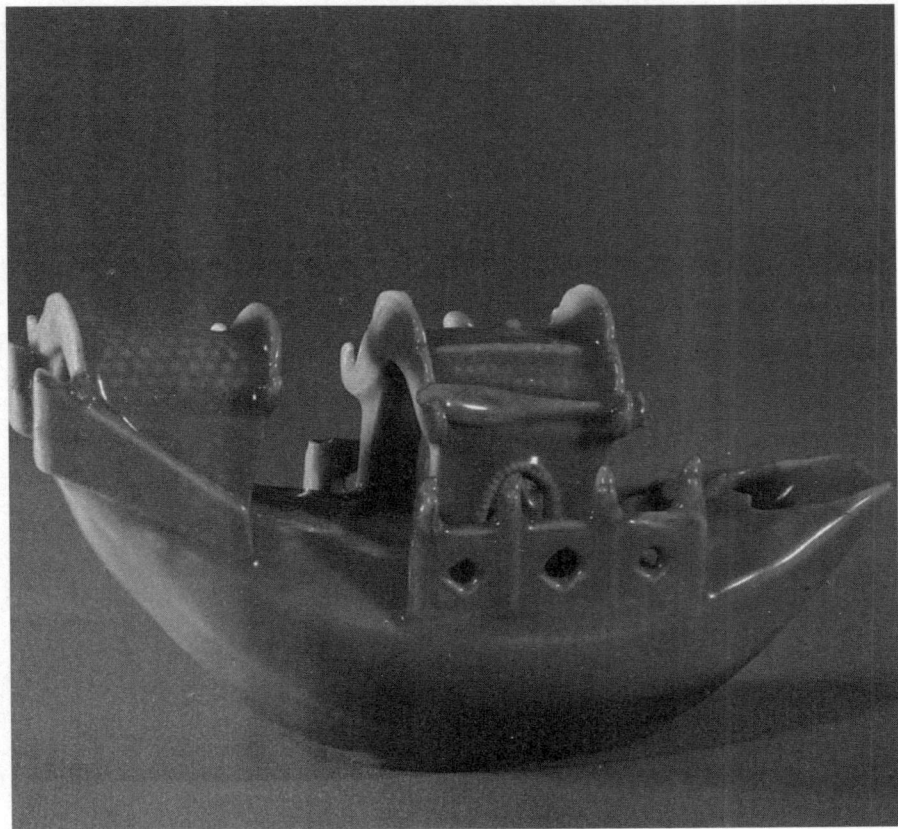

龙泉窑舟型砚

有所创新，烧出了粉青釉、梅子青等特殊品种。

粉青釉、梅子青的烧制工艺非常复杂，需多次挂釉，多次烧成，同时还要有白胎映衬，确是青瓷中的上乘之作。粉青釉色如青玉、梅子青更是可与翡翠媲美。

龙泉窑青瓷的种类极为丰富。饮食用具有各类盆、碟、盘、碗、盏、壶、渣斗等器，仅瓶类就有胆式、鹅颈式、堆贴龙虎瓶、带盖梅瓶和五管瓶等多种，文房用具有水盂、水注、笔筒、笔架，供器有各式香炉以及八仙塑像。

此外，还有棋子、鸟食罐等器物。值得注意的是，为迎合当时的考古风尚，龙泉窑还烧制了许多仿古瓷器，如鼎、投壶、琮、文房四宝等。

龙泉窑青瓷的装饰手法也比较多样。早期比较普遍地采用刻花装饰，辅以篦点或篦划纹。此外，还有波浪、云纹、蕉叶、团花等纹饰。北宋晚期开始出现刻花莲瓣纹，多装饰在碗的外部，瓣尖呈圆形，瓣内均划直线。

这一时期浮雕和堆贴的装饰手法也大量运用于瓶盖和器物外部，从而带来了瓷器的立体感。

龙泉窑作为宋代著名的青瓷产地，其影响较为广泛。邻近的庆元、云和、丽水、武义、江山等县以及福建的浦城、松溪两县都是龙泉窑的竞相仿效者。龙泉窑也因其高超的青瓷工艺而存在了近八百年。

1211~1220A.D.

宋辽金夏

1211A.D. 宋嘉定四年　金大安三年　夏李遵顼光定元年　西辽天禧三十四年　蒙古成吉思汗六年

蒙古成吉思汗自将攻金。

是岁，乃蛮屈出律汗废西辽主直鲁古自立；耶律氏自大石称帝，至是七十八年而亡。

1213A.D. 宋嘉定六年　金崇庆二年　至宁元年　宣宗完颜珣贞祐元年　蒙古成吉思汗八年

春，耶律留哥自立为辽王。

七月，蒙古成吉思汗自将攻金，拔涿、易等州。

八月，金帝完颜永济为其下所杀，立升王完颜珣，是为宣宗。

1214A.D. 宋嘉定七年　金贞祐二年　夏光定四年　蒙古成吉思汗九年

五月，金迁都南京（开封）。金山东红袄军大起。

1215A.D. 宋嘉定八年　金贞祐三年　夏光定五年　蒙古成吉思汗十年

二月，蒙古下北京。

五月，蒙古下金中都，焚宫室，掠妃嫔。

1216A.D. 宋嘉定九年　金贞祐四年　夏光定六年　蒙古成吉思汗十一年

十月，蒲鲜万奴降于蒙古，寻又叛，改号东夏。

1217A.D. 宋嘉定十年　金贞祐五年　兴定元年　夏光定七年　蒙古成吉思汗十二年

宋招山东红袄军以困金，号为忠义。

1218A.D. 宋嘉定十一年　金兴定二年　夏光定八年　蒙古成吉思汗十三年

是岁，蒙古攻金河东诸州。

高丽称臣奉贡于蒙古。

蒙古灭西辽。

1219A.D. 宋嘉定十二年　金兴定三年　夏光定九年　蒙古成吉思汗十四年

闰三月，宋兴元军士张福等起事，以红巾为号，是为红巾军。

成吉思汗第一次西征，历时五年，灭花剌子模等。

1212A.D.

法国儿童约三万人，日耳曼儿童约二万人，组儿童十字军。

1215A.D.

英格兰封建诸侯在坎特伯里大主教兰格吞支持下举兵示威，要挟约翰王签署"自由大宪章"（六月十五日）。

1218A.D.

耶路撒冷王国香德布利思率兵入埃及，是为第五次十字军。

岳珂编集有关岳飞史实

　　嘉定十一年（1218），岳珂编成《金陀粹编》28卷，为其祖岳飞伸冤辨诬。

　　《金陀粹编》以高宗御札、朝廷诏令、札子及岳飞表奏、战报、诗文、旧事等汇集编次，计有《高宗宸翰》三卷、《鄂王行实编年》六卷、《鄂玉家集》十卷、《吁天辨诬通叙》一卷、《吁天辨诬》五卷、《天定录》三卷。

　　这部书为后人提供了重要史料，有助于人们了解岳飞的功绩及被丞昭雪情形，以及南宋初年的和战两派之争。由于编书时已散佚了不少资料，传闻也多有歧异，故与史实有出入之处也在所难免。

杭州岳王庙岳飞像

《容斋随笔》刊行

　　嘉定五年（1212），江西提刑司刊刻洪迈所著的多卷随笔竣工。这些著作包括《容斋随笔》16卷、《续笔》16卷、《三笔》16卷、《四笔》16卷、《五笔》10卷。这些作品是读书札记，内容极为广泛，涉及经史百家、医卜星算。其中，《随笔》先成，《续笔》成于隆兴三年（1165），《三笔》成于庆元二年（1196），《四笔》成于庆元三年（1197）；《五笔》尚未写完，作者就去世了。

　　作者洪迈，学景卢，号容斋，鄱阳（今江西波阳）人。做过端明殿学士。他是学识渊博的文学家和学者。

宋花卉业兴旺

　　花卉业在宋代的兴旺首先表现在花卉品种的增加上，据周师厚的《鄞江周氏洛阳牡丹记》所载，当时洛阳的牡丹品种高达52个之多。而牡丹的命名又具有多种原则，如"细叶寿安"、"潜溪绯"是以产地命名，"玉板白"、"甘草黄"是以颜色命名，另外还有以姓氏取名的，如"魏花"、"左花"等。

　　除花卉品种外，宋代花卉业的主要成就还在于栽培技术的提高方面，在欧阳修的《洛阳牡丹记·风俗记》中，记载的花卉栽培技术就有接花法、浇花法和种花法等等。宋代花卉的栽培技术有了一个很大的创举，就是促成栽培术的提出。促成栽培就是根据花卉对外界空气温度的不同需求，采取一定的措施，促使花卉提前开放，其中较为著名的就是南宋临安马塍地区的花农所创立的"堂花法"。这种方法对牡丹、梅花、桃花采用的措施是：以纸制作密室，室内挖坑，将花置于坑内，施以牛溲和硫磺，然后灌入沸水，高温的水蒸汽薰蒸花卉，同时扇入微风，一夜之后，花就开放。

宋代《出水芙蓉图》

　　由于花卉品种的增加和栽培技术的提高，花卉成为人民生活必不可少的一部分，观赏花卉也成为宋代人们的一种风尚。

　　宋代花卉的兴旺特别是品种的繁多和栽培技术的提高，为后来人们培育更多更美的花卉奠定了基础。

宋缎成熟

　　中国高级丝绸织品从唐初由经锦发展到纬锦，织纹从平纹变化的经线双面组织变为经斜纹地上起纬斜纹花。而后通过织机装造上的再改进，增加了控制地纹经线的综片数，到宋代就有正则缎纹的新品种出现。

　　缎纹是在斜纹基础上发展出来的，在每一个完全组织中，缎纹的组织点并不像平纹或斜纹那样排列成连续的线条，而是均匀分散地布列，并为长大

宋代缂丝仙山楼阁册

的沙线掩盖，使织物表面只显现出经线或纬线的独特风格。以缎纹构成的织物，表面平整，富有光泽，手感柔软，缎纹与提花及二重等结合起来，便可产生新的组织品种。因而适应性强，是极其富丽华美的高级丝织品种，也是三原组织中最复杂的一种。我国宋以前没有"缎"字，宋元时还用"段"字作"缎"字用，南宋时缎织物已运用织金、闪色、彩条诸工艺。

缎在宋代趋于成熟，至元代迅速流行。

木华黎经略中原

太祖十二年（1217）八月，木华黎被成吉思汗封为"太师国王"，受命统兵征伐金国。成吉思汗对他说："太行之北，朕自经略；太行以南，卿其勉之。"明确以太行为界，把中原战事的全部指挥权交给了木黎华。自此，蒙金战争进入了第二个阶段。

木华黎在经略中原的过程中，逐渐改变了过去一味杀掠、不予固守的做法，注意招降纳叛，利用汉族地主武装帮助自己略地守城。不少实力较强的地方武装势力都先后归附了他。他则沿用金朝官制，授给归附者予元帅、行省等官衔，允许其子孙世袭，利用他们去攻打金朝的军队和不臣服蒙古的其他地主武装，从而大大增长了自己的实力，并巩固了既得的成果。木华黎死后，其子孛鲁继承了他的"太师国王"封号，继续推行其路线。经过这父子俩十年努力，金国的两河、山东尽归蒙古，为蒙古最后灭亡金国创造了充分的条件。

玻璃器制造相当发达

在宋、辽、金时代，我国的玻璃烧造业已相当发达，玻璃器皿的广泛使用给当时人的生活带来了许多便利，也带来了独特的装饰作用。

这一时期玻璃烧造业的发达首先表现为烧造也区分布广泛。从玻璃器出土的地点来看，有十六个省区在当时均烧造玻璃，其中重要的发现有甘肃灵台、

玻璃花瓣口杯

玻璃卵形物

141

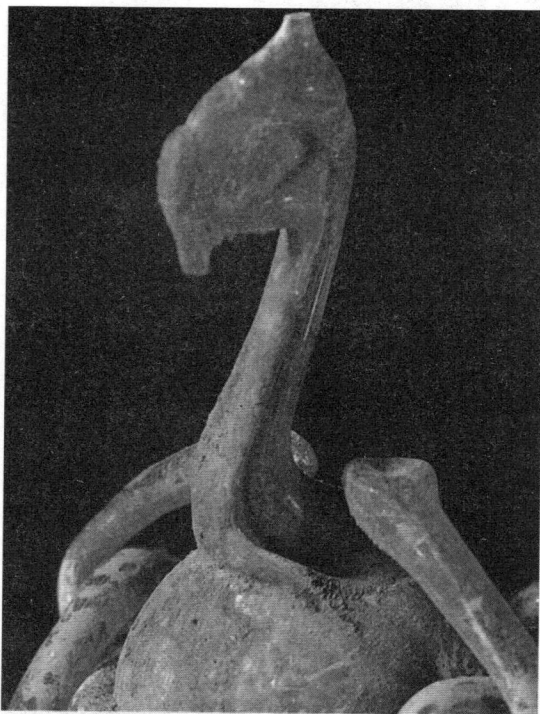

玻璃鸟形物

玻璃瓶

河北定县、河南密县、内蒙古四子王旗、江苏连云港、安徽无为、浙江瑞安和衢州、湖南长沙等地的塔基与墓葬。其次表现为玻璃器皿的种类比较多样。从出土的玻璃器物中看,主要有玻璃瓶、玻璃葫芦瓶、玻璃葡萄、玻璃花瓣口杯、玻璃壶形鼎、玻璃鸟形物、玻璃宝莲形物、玻璃簪、玻璃饰等。《武林旧事》中还有南宋时杭州元宵节使用玻璃花灯的记载,这在当时是难度很大的制作。

当时的玻璃制造业还受到来自阿拉伯的玻璃器皿的影响。南宋在福建提举市舶使的赵汝适曾在《诸蕃志》中记录了阿拉伯各国玻璃器皿的优点及其配方,"添入南鹏沙,故滋润不裂,最耐寒暑,宿水不坏,以此贵重于中国"。当时杭州"七宝社"所经营的玻璃器皿中,有些是来自阿拉伯的产品。达官贵人争相收藏阿拉伯玻璃器皿。

这一时期制造的玻璃多属高铅玻璃,主要以铅、硝、石膏合成的配方烧制而成,如定县塔基出土的玻璃葫芦瓶,含铅量高达 70.04%。西北地区与沿

143

玻璃宝莲形物件

玻璃葡萄

玻璃瓶

145

海一带往往掺入钾钠，而烧成钾铅玻璃。这种玻璃的特点是"色甚光鲜，质则轻脆"，不耐高温，故而宋代玻璃多用于装饰陈设，而难作饮食器皿。阿拉伯玻璃传入后，这一缺陷有所弥补。

玻璃壶形物

玻璃葫芦瓶

宋辽金夏

1221A.D. 宋嘉定十四年　金兴定五年　夏光定十一年　蒙古成吉思汗十六年

是岁，蒙古下西域玉龙杰赤等十余城。

文学家、音乐家姜夔约去世于此年。

1222A.D. 宋嘉定十五年　金兴定六年　元光元年　夏光定十二年　蒙古成吉思汗十七年

是岁蒙古攻金河东、陕西。蒙古成吉思汗攻西域，薄回回国。

全真教主丘处机要谒见成吉思汗。

1223A.D. 宋嘉定十六年　金元光二年　夏光定十三年　李德旺乾定元年　蒙古成吉思汗十八年

十二月，金宣宗死，太子守绪嗣，是为哀宗。蒙古攻夏，李遵顼传国于子德旺，改元乾定。是岁，成吉思汗于征服中央亚细亚之花剌子模及其他诸国后，遣大将速不台绕里海（宽甸吉斯海）征服亚美尼亚、格鲁吉亚与阿塞尔拜疆，越过高加索山（太和岭）进入南俄草原，与在基辅大公统率下之俄罗斯诸侯及波罗维茨人战于卡尔卡河畔，俄罗斯诸侯大败，但蒙古人旋退去。

1224A.D. 宋嘉定十七年　金哀宗完颜守绪正大元年　夏乾定二年　蒙古成吉思汗十九年

闰八月，宋宁宗死，养子昀嗣，是为理宗。

是岁，成吉思汗至印度境，大掠而还。

1227A.D. 宋宝庆三年　金正大四年　夏宝义二年　蒙古成吉斯汗二十二年

夏主李睍降于蒙古，夏亡。

七月，蒙古成吉思汗死，第四子拖雷监国。

丘处机死。

1229A.D. 宋绍定二年　金正大六年　蒙古窝阔台汗元年

蒙古推成吉思汗第三子窝阔台汗为大汗，是为太宗。

1230A.D. 宋绍定三年　金正大七年　蒙古窝阔台汗二年

蒙古攻潼关，不克。

宋经学家蔡沈死。

1225A.D.

大越陈朝太宗陈㬚建中元年。李朝自公蕴开国至是传九世，二百一十六年而亡。

1227A.D.

皇帝腓德烈二世经过周密准备后，率第六次十字军出发，但以病折回。

姜夔流落江南

姜夔（1155?~1221?），字尧章，号白石道人，饶州鄱阳（今属江西）人，南宋后期词人、诗人。他早岁孤贫，成年后出游扬州等地，往来于长江中下游及江淮之间，过着湖海漂零的生活。这期间他辗转结识了一些名重一时的文人，后与杨万里、范成大、辛弃疾都有翰墨之交。中年时他得世家贵胄张鑑资助，长期寓居杭州，浪游无锡、浙东，踪迹不出太湖流域。他一生未作官，多才多艺，擅长诗词及书法，精通音律，尤以写词著名。晚年他一度到过温州、处州，但主要还是旅食江浙一带，过着寄人篱下的生活，最后卒于西湖。

南宋后期，在词坛上，出现了与辛派词人大体并行但作品思想内容截然不同的另一派词人，姜夔便是其中的代表人物。他前期过的是江湖游士的生活，后期生活则带上了豪门清客的色彩，既未沦入社会底层，也缺乏匡时济世的雄心，社会接触面不广，不免在"酒被清愁，花消英气"中消磨年华。因而他的词作内容比较空虚，只能沿着北宋周邦彦的道路发展，在选声揣色、研辞炼句上下功夫。这种创作倾向后来形成了一个流派，由于其所遵循的准则是一个"雅"字，所以后人称为"雅正派"或"醇雅派"。

姜夔的《白石词》多以咏物的手法抒写个人身世及离别相思之情，对后人影响最大的也是这部分词，其中较有代表性的是［长亭怨慢］。这首词借咏柳树以抒别情，上片借无情柳树的青翠反衬有情人分别时心情的凄黯；"阅人多矣，谁得似长亭树？树若有情时，不会得青青如此"；下片以柳丝千缕难剪暗喻离愁难断。这首词写得一往情深，婉转别致，翻新了前人语意。有名的［暗香］［疏影］更是典型的托物怀人、咏物寄情之作。在《扬州慢》中，他描写了兵燹过后扬州城的残破景象，并化用杜牧歌咏扬州当年繁华的名句，反衬今天荒凉的环境——"杜郎俊赏，算而今、重到须惊。纵豆蔻词工，青楼梦好，难赋深情。二十四桥仍在，波心荡，冷月无声。"姜夔还曾与辛弃疾唱酬，他的［永遇乐］和［汉宫春］乃和辛弃疾原韵而作。［永遇乐］中"中

149

原生聚,神京耆老,南望长淮金鼓"等句,在一定程度上反映了当时的民族矛盾。

姜夔词的艺术特点首先表现在其意境的清幽冷隽,通过这种意境寄托他落寞的心情,这对后世许多功名失意、流落江湖的文人极富吸引力。姜词还以讲究音律和词藻、语言典雅凝练著称。他长于描写景物的动态神韵,如以"嫣然摇动,冷香飞上诗句"形容荷花的清幽神韵。他还善于在语言上用虚词和单行散句,声律上间用拗句拗调,富于转折和变化,虽刻意求工而不流于轻靡浮艳,适当纠正了向来婉约派词平熟软媚的作风,给人以简洁醇雅、清新促拔之感。

姜夔的词有批判地继承了婉约派词人的成就,同时部分融合了辛弃疾词的清健笔调,又适当地吸收了江西派诗人的手法,在词坛上自成一派,对后来词家的影响在二晏秦周诸家之上。

宋雩川之变发生

嘉定十七年(1224)闰八月,宋宁宗死,丞相史弥远和郑清之间勾结起来,胁迫杨皇后,将原定的皇位继承人皇子赵竑废为济王,赶出京城,将收养在宫中的赵与莒改名为赵昀,立为皇帝,即宋理宋。

当时湖州人潘壬和他的兄弟潘丙、潘甫等人,都对史弥远假造圣旨擅自废立很不满,于是密谋起兵,想拥立赵竑。他们暗中与山东的李全联络。李全表面上同意出兵接应,实际上不派一兵一卒,只想坐观成败。

潘壬等人看到李全没有起兵的打算,又害怕时间久了机密泄露,连忙组织一些盐贩子、太湖的渔民矫装成李全的军队,声称来自山东,夜里进入湖州城,把济王黄袍加身。

当时许多官吏不明真相,有对史弥远不满的都来附和恭贺。潘壬又以李全的名义发布榜文,列举了史弥远的多条罪状,声称将派精兵20万,水陆并进进攻临安。

第二天,赵竑才发现所谓的李全兵马全都是一些渔民、盐贩子,知道大事不妙,连忙见风使舵,派人去朝廷报告事变,为自己开脱,一面又率领州兵讨伐追捕潘壬等人。潘壬等人一时间四散奔逃。等到史弥远派兵到湖州弹

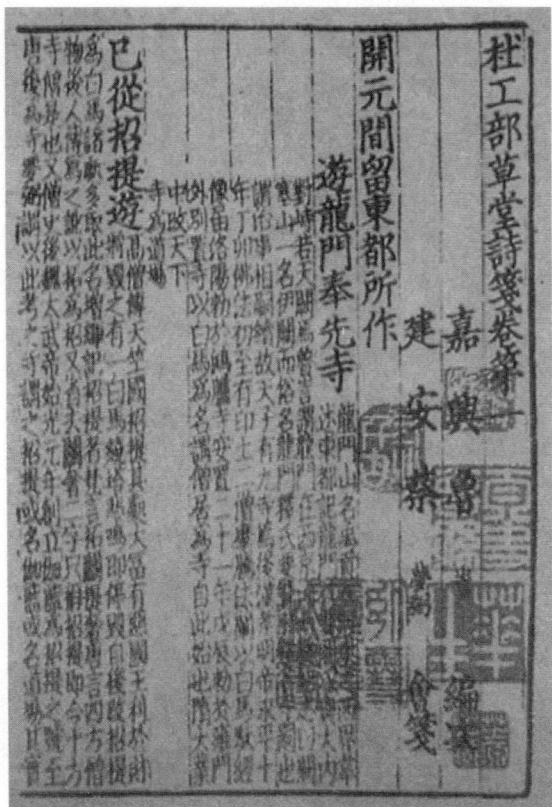

南宋刻本《杜工部草堂诗笺》，对杜甫的诗仍很推崇。

压时，事变早已平息。

潘壬后来被捕，押到临安斩首。赵竑尽管平定叛乱有功，但史弥远仍然对他很忌恨，假称济王有病，命令自己的门客秦天锡带着医生前去诊治，到了就宣称是朝廷命令，逼济王在州衙中自缢。

济王死后，史弥远还剥夺了他的王爵，将他降封为县公。湖州又叫霅川，这场事变即被称作"霅川之变"。事变发生之后，很多大臣上书为济王鸣冤叫屈，都被史弥远贬出朝廷。